跟主持人学说话

《中央广播电视总台 2019 主持人大赛》栏目组
- 编著 -

中国画报出版社·北京

图书在版编目（CIP）数据

跟主持人学说话 /《中央广播电视总台2019主持人大赛》栏目组编著. — 北京：中国画报出版社，2023.10
ISBN 978-7-5146-2274-4

Ⅰ.①跟… Ⅱ.①中… Ⅲ.①口才学—通俗读物 Ⅳ.①H019-49

中国国家版本馆CIP数据核字(2023)第099264号

编委会

总 策 划：许文广　过　彤
执行主编：卢小波　左　兴
编　　委：章缘缘　李　超　卢飞一
　　　　　白秋立　黄宇霏　历文娟

跟主持人学说话

《中央广播电视总台2019主持人大赛》栏目组　编著

出 版 人：方允仲
责任编辑：郭翠青
责任印制：焦　洋

出版发行：中国画报出版社
地　　址：中国北京市海淀区车公庄西路33号
邮　　编：100048
发 行 部：010-88417418　010-68414683（传真）
总编室兼传真：010-88417359　版权部：010-88417359

开　　本：32开（880mm×1230mm）
印　　张：8.5
字　　数：180千字
版　　次：2023年10月第1版　2023年10月第1次印刷
印　　刷：河北文扬印刷有限公司
书　　号：ISBN 978-7-5146-2274-4
定　　价：49.90元

序

对于这本书，不知道读者会有何期待？如果有从业者欲将其视为工具书，大可不必。一时一事，一人一言，当了标准亦步亦趋的话，反而容易掉进窠臼。如果有立志从业者欲将其视为成功学，更大可不必，刹那的光彩不代表永恒，彼时的进阶也并未到峰顶，对其中的每个人来说，都只不过是向前的一步而已，以此励志，反倒容易把人生看小了。作为未来的读者之一，我只希望这本书能够让共同经历这个过程的人们有些别样的回忆，能够让想对这个职业群体一探究竟的人们感受到这份职业对爱、对美、对真理的尊重与追求，足矣。一本书，能有些教益，再有些趣味，足矣。

主持人被很多人视为"最会说话"，但何谓"会说话"？个人浅见，能真诚说话的人才是真正会说话的。真，不传递任何一点虚假信息，这是媒体人必须努力再努力坚守的职业底线；诚，始终关注人的生活，关心生活中的人，不虚伪，不矫饰。真诚的表达永远是最好的表达，真诚的表达才有立意的高度。《红楼梦》中香菱学诗，黛玉教之以"词句究竟还是末事，第一立意要紧，若意趣真了，连词句不用修饰，自是好的，这叫'不以词害意'"，可见会不会说话，说什么很重要。当然，不以词害意是正理，但若只有意而无好词，满嘴里只是些俚语、俗语、网络语，说话的水准必定大打折扣。还得像黛玉那样，能"用《春秋》的法子，将世俗的粗话，撮其要，删其繁，再加润色比方出来，一句是一句"，因此，会不会说话，说什么很重要，怎么说也很重要。其实，所谓"会说话"，就在于说话的人能在更大程度上满足听话的人的期待。2019年主持人大赛设立了新闻赛道、文艺赛道，对于新闻赛道的选手，观众期待他（她）字正腔圆、观点鲜明、明辨时事、为民请命；对文艺赛道的选手，观众期待他（她）情感丰富、亦歌亦哭、亦庄亦谐、娱人耳目。而无论新闻、文艺，观众都期待主持人学理通晓、腹有诗书、言近旨远、释疑解惑。总之，当你最大限度满足了这样的期待，你就被认可是会说话的人。如果做不到，或者会错了意，这山唱起了那山的歌，哪怕滔滔千言也会离题万里，也就会被归入不会说话的人堆里了。

2019年主持人大赛被观众评价为"看神仙打架"，其实哪里有什么神仙，只是一群努力把话说好的人罢了。我忝居点评嘉宾之一，所做的亦不过是就"怎么把话说好、怎么做好主持人"与同行们交流，与观众们探讨，岂敢妄评。何为"好主持人"？标准简单也复杂，要做到容易也艰难。曾听前辈论及，"主持人，主持人，主持在其次，最重要的是做人"，深以为然。借此大赛成书机会，就把之前尚未言尽的再赘述几句吧。

一、有名的主持人不必然是好主持人。有名，自然技艺上有过人之处，而好主持人仅有此远远不够。从业近30年，我见过不少德艺双馨的前辈、同行，也见过不少台前幕后的两面之人，论艺尚精，论德则让人无语，偏偏观众大多见到的只是那光鲜的一面，"走红"变成了硬道理，至于文是否如其人、艺是否如其人，好像可以不在意了。其实，德艺双馨并非求全责备，也不苛求小节必拘，只是主持人要以自己真实的生命去赋予一个职业角色生命，只有能真的这样要求自己的，才是真正的好主持人。至于那些笃信只要台前演得像，一生真伪复谁知的人，道不同，不必与言。

二、要爱自己的工作胜过爱工作中的自己。这两者好像是一回事，好像又不全是一回事。很多主持人站在镜头前就会有强烈的兴奋感，有很多主持人表示无比热爱这个岗位、这个舞台。可曾叩问过自己的心，真正享受、热爱的到底是什么？是这个职业可以带给人们、带给社会的价值和能量，还是这个职业带给自己的掌声和虚荣？如果是前者，这份热爱会是补药；如果是后者，这份热爱可能会是毒品。

三、少当老师，多做学生。很多年以来，成为学者型、专家型的主持人，是大家努力的方向，这没错。如今，面对世界百年未有之大变局，面对自然科学、社会科学领域纷繁的变化，面对改革、发展、稳定过程中诸多新问题，新挑战和新应对，不确定的太多，未知的太多，需要学习的太多。所以，别轻易下结论，别过于指点江山、好为人师，多带着自己的问题去倾听、思考、学习，也多带着观众的问题去咨询、请教、分析，才可能有准确的判断、有用的传播。主持人当然不可能只敏于行而讷于言，主持人会说话也爱说话，但有时候少说或不说也是进步，是成长，是高段位，仿佛中国画中的留白，不着一笔，反得更多风韵。

主持人，这个职业和其他职业一样，都有着难与外人道的艰辛。干一行不易，干好一行更不易，而干好的前提就是真的知道这一行到底是干什么的。

以此与诸同业共勉。是为序。

康辉

目录

第1章 好的表达

如何像主持人一样表达

话人人都会说,但要把话说得吸引人、说到点子上,却需要很高的要求。

表达是信息传递的源头　-003
思辨力是表达力的内在逻辑　-011
控场力让表达卓有成效　-018
表达的五个维度　-026

第2章 表达情境

每次表达都是角色的转换

学会在不同的表达场景中转换自己的角色,做一个"多面"的表达者。

观察是表达的基本功　-037
不同场景,不同角色形象　-046
切换场景就是切换表达风格　-054
语调和语速要符合场景　-061
梳理信息,用合适的方式表达　-066
不说自己知道的,只说别人想知道的　-074

第3章 话题构建

如何设计合理的表达目标

只有构建起自己所要表达的具体话题，才能为表达提供理性而又清晰的指引。

信息预判是构建话题的第一步　－083

话题明确，表达才有感染力　－090

根据不同场合选择适当的话题　－098

选话题，要选自己熟悉的内容　－104

找准切入点，让目标话题自然呈现　－111

巧妙地进行话题转换和过渡　－119

第4章 表达节奏

在有限的时间说重要的话

让自己的表达节奏与听众的心理节奏相吻合，表达就更容易成功。

教科书式的开篇　－131

层层推进，引出观点　－138

突出关键字句　－145

表达有主次，精彩的内容要先说　－153

控制好表达时的信息密度　－159

言之有物是言之有理的基础　－167

第5章 情感带入

表达需要情感支撑

当听众被你的情感带入故事之中，与你产生共鸣时，你的表达才更有感染力和说服力。

好的表达就是会讲故事　－175

讲故事要遵循"黄金抛物线"　－183

让别人感受到亲和力　－192

让你的语言更有画面感　－199

语音准确，表达更具感染力　－206

感同身受，争取最大的情感共鸣　－213

第6章 完美收尾

如何让表达更有影响力

收尾越有分量，情感越浓烈，在听众心里产生的"惯性"就越大，对听众的影响也越大。

收尾部分要精心设计　－225

表达最后既要有力也要有情　－232

总结提炼要精准而有高度　－241

成为鼓舞人心的高手　－249

巧用肢体语言，让结论深入人心　－256

好的表达

如何像主持人一样表达

第1章

> 对主持人这个职业的要求之一，是要具有语言的组织能力、思维的梳理能力，才能够在关键时候，把真实的情感在很短时间里组织好，传递出去。
>
> ——撒贝宁

表达是信息传递的源头

问大家一个问题：在职场中，你认为专业技能与表达能力，哪一个更重要？

很多人可能认为专业技能更重要，那我们来假设一下，其实这种假设在职场中每天都存在：一个项目组有三个人，第一个人负责把大家组织在一起，给大家加油打气，第二个人负责与技术相关的专业工作，第三个人则主要负责把他们工作的情况解释清楚。项目完成后，老板要求项目组向自己做汇报，你认为这三个人谁去汇报，最容易得到老板认可？

我们可以想象一下，第一个人汇报时，往往会从行政组织的角度出发，但对于具体项目内容和细节可能解释不清；第二个人汇报时，可能会讲一堆专业知识和信息，领导不一定能听懂；而第三个人汇报时，最容易表达出项目的关键信息和老板最想了解的信息。久而久之，在外人看来，第三个人就是项目组功劳最大的人，也最容易得到老板的赏识。

可见，话虽然人人都会说，但要把话说得吸引人、说到点子上，却需要很高的要求。因为表达是信息传递的源头，只有具备出色的表达能力，才能在最短时间内，用最精练的语言，把关键性信息清晰、准确地传递给别人。

那么，我们怎样表达才能把一些重要信息有效地传递出去，让听众听完后，很快就能抓到其中的关键内容呢？

简单来说，就是要做到三点：观点明确，逻辑清晰，内容具有说服力。这三点也构成了表达的血与肉，从而达到传达信息、传递情感、传播道理的目的。

1. 观点明确

在《中央广播电视总台2019主持人大赛》第一阶段第一场的录制时，新闻类选手邹韵就以一段特定内容，展开了她的即兴考核表达。我们来看一下，邹韵是怎样准确地把自己要表达的观点和信息传递给观众和评委的。

> 大家好，欢迎收看本期的新闻聚焦，我是邹韵。
> 今天我们要说的是一个人，一位老人，他叫刘增盛，有人管他叫作"硬核老头"。原因很简单，平时我们在坐

地铁、坐公交的时候，看到老人，我们会自觉地起立让座，但这位老人却很特别，他在身上挂了一个"无须让座"四个字的灯牌，他对于年轻人的这种关照和心疼也真的很让人动容。但是在我看来，能够让这个民族经历五千年的风霜而屹立不倒有很重要的原因，就是我们有很多有大智慧的、高贵的、复杂的精神，而在这其中尊老爱幼是很重要的一个。

因此，在我看来，刘增盛老人给我们这些年轻人让座是一种情分，而我们这种晚辈给像刘增盛这样的老人让座，给他们更多的关怀，是一种本分。也正是这种情分和本分的相互交融，才让我们的社会得以发展。而更重要的是，他身上的那个红红的灯牌点亮了我们对老人给予更多关注的一种提示。也正是老人对我们的一种心疼和关照，点亮了我们对于向真、向善、向美的生活的期待和憧憬，谢谢大家！

这段表达结束后，几位评委都给出了不错的评价。其中，康辉老师的点评中有这样一句话：作为记者，在表达时，更多的应该是呈现事实和信息，而不是迫切地表达观点；但作为主持人，可以在事实和信息的基础上，提炼出某种观点或引导出某种观点。

在案例中，邹韵作为一个"主持人"，就通过自己精准的表达，向观众传递了这样一个观点：即使是陌生人，彼此之间也需要理解和包容。

其实，不光是记者和主持人，我们在平时的表达中，也要像康辉老师说的那样，通过表达更好地传递出自己的观点和一些关键性信息，与他人实现良性沟通。但是，很多人在表达时却不能很好地做到这一点。

1990年，斯坦福大学一位研究生设计了一个很有趣的心理实验。首先，测试人员找来一些人，把他们分成A、B两组，然后让A组人在桌子上敲击一些大家都很熟悉的歌曲的节奏，让B组人通过这些节奏猜出正确的歌名。

在A组人看来，B组至少能猜出一半歌名，但结果却很不理想，A组人一共敲了120首，B组人却只猜对了3首，成功率仅为2.5%。

为什么会有这么大的偏差呢？原因就在于双方掌握的信息不对称，在认知和理解上存在较大偏差，结果导致信息在传递过程中也出现了偏差。

很多时候，我们明明觉得自己已经说得很清楚了，就像案例中的A组人一样，脑海中都有这些歌曲的旋律，但别人却不这样认为，就像B组人，听到的可能只是古怪的敲击声，而不是有节奏、有旋律的歌曲，所以只能盲猜，这样正确率肯定不高。

表达也是如此，如果我们没有准确地表达出自己的观点，或者表达得不够清晰、准确，却希望别人能理解和接受你的观点，那就很容易出现偏差。我们口干舌燥地说了半天，对方根本无法理解，这不就是白费口舌、浪费时间吗？

所以，不论何种方式的表达，观点明确都是准确地传递信息的关键一步。关于这一点，前麦肯锡咨询公司知名顾问芭芭拉·明托（Barbara Minto）曾有一段很精辟的评论：虽然表达的主要目的是告诉别人他们所不知道的信息，但听众只有在需要了解问题的答案时，才会去找答案。也就是说，听众需要先听懂你所表达内容中的"这件事"，继而才会去详细地了解"这件事"，寻找解决"这件事"的方法，或是"这件事"带来的后果。这就是让表达更加有效地传递信息的主要逻辑。

2. 逻辑清晰

在处理一些工作时，有时我们遇到的不是信息匮乏，而是信息过载；大脑中不是全无头绪，而是思路混乱；不缺点子，缺乏的是把这些点子表达出来的逻辑和思路。

比如，我们在汇报工作或制订方案前，经常会找来一大堆资料，或者在辩论赛、演讲赛筹备期间，想出无数种自认为精妙的观点。但是，这些材料和观点要如何组装起来，才能达到最佳的表达效果呢？你要采用哪种表达方式，才能把这些材料中的信息精准地传递给听众呢？这是个很重要的问题。

实际上，清晰表达的本质，并不是表达者要说得流畅、圆满，而是要让接受者听得清楚、分明。换句话说，你想让自己的表达更清晰，不仅要细心琢磨所要表达内容中的主要观点，还要弄清楚怎么表达才能让观众听懂。

一般来说，我们在表达时可以遵循"总—分—总"的逻辑来进行，这也是最符合观众感受和思维要求的表达逻辑。具体来说，就是把要表达的内容分为三步：开头、主体和结尾。只要将这三部分表达好，表达效果就不会太差。

3. 内容具有说服力

有了观点，也有了逻辑，接下来就是要把一些具体的内容填充进去，让表达的信息更有说服力。这时，就要用到与观点有关的各种素材了。

首先，一个最重要的素材就是故事。当然，在表达时，不需要把故事讲得多么离奇、曲折，只要把想表达的内容和观点用故事的形式表现出来，就可以大大地增强说服力了。比如下面这个小故事：

> 有一个失明老人孤独地坐在街边乞讨，旁边放着一块纸板，上面写着："我失明了，请帮帮我。"
>
> 街上的人很多，但却没人过来帮助老人。这时，一个女孩从老人旁边走过，随即又转身回到老人身边，看了看

老人，然后在老人的纸板上写了几个字，便转身离开了。

奇迹发生了，不一会儿，很多路人都过来把钱放在老人面前，老人简直不敢相信竟有这么多人愿意帮他。

那么，女孩在纸板上写了什么呢？

她写的是："这真是美好的一天，但我却看不见。"

你有没有被这个故事打动呢？

一个好的故事，往往可以迅速让观众的情绪产生变化。因为人在听故事时，大脑会习惯性地模拟故事发生的整个过程，就像亲身经历的一样，所以他们的情绪也会很快被调动起来，与表达者产生共鸣。这要比你讲一堆枯燥的道理更容易抓住观众的注意力，打动观众的心。

其次，还有一个常用素材就是数据。比如有人对你说：这款游戏的玩家现在有1000万人，每天新增玩家就多达5万人。而另一个人告诉你：这款游戏的玩家非常多。相比之下，是不是第一个人的话更有说服力？

不过，在运用数据进行表达时，一定要运用那些最有价值、最能支撑和强化我们观点的数据，也就是可以代表结果的数据。评委康辉老师在点评上文案例中邹韵所表达的内容时，还指出一点，就是在表达时，一定要找到一个你认为很重要的点，然后将这个观点强化出来，这会让你的整个表述特别不同，从而让人印象深刻。而这个"点"，也可以是关键性的数据。

很多人都在电视或网上看过乔布斯以前主持的新品发布会。在发布会上，乔布斯每次都会推出一个产品亮点，同时他在介绍产品时，一定会特别强调这个亮点。

比如，在介绍iPod时，他就重点强调内存之大。他说："这是一个能触动心灵的设备，当某一个东西能触碰到心灵的时候，它就变得意义非凡。这是一款音乐播放设备，也就是能在你的口袋里放下1000首歌。"

接着，乔布斯从自己的牛仔裤口袋里拿出了iPod。这一刻，燃爆全场。

你看，这个"1000首歌"是不是一下子就将iPod的主要功能表达清楚了？

总而言之，任何一种信息的表达和观点的传递都是有重点的，你也可以理解为这是一次有效表达的聚焦。如果你想让自己的表达令人难忘，那么你要聚焦的内容就必须少而精。当然，在表达时，我们也要注意分配好信息、情感和道理的比例，做到比例均衡，不要眉毛胡子一把抓，也不要避重就轻，否则最后的结果很可能是观众什么信息都没听见，什么信息也没记住，你的表达就变得毫无意义了。

思辨力是表达力的内在逻辑

爱因斯坦曾说:"一个人智力的发展和形成概念的方法,很大程度上取决于语言。"而语言的表达,则要求我们具有清晰的思维和严谨的逻辑。如果你在思考时缺乏头绪,就说明信息在你的脑海中排列的方式是混乱无序的。同样,你的表达听起来也是混乱的,难以引起别人的兴趣和共鸣。这样的表达方式,就可能给自己的生活和工作带来很多麻烦。

比如,在跟朋友聊天时,如果你经常毫无重点地东拉西扯,就会让倾听的朋友感觉跟你聊天是在浪费时间,以后也不愿意再跟你进行过多的交流。在职场上,如果你的表达不清晰,还可能造成同事间的误解、领导对你能力的怀疑,最后对你的职业生涯造成一定的影响。

可见，表达清楚自己的观点，与他人进行高效沟通，对于很多人来说都非常重要。能够清晰而有逻辑地表达自己的观念，不仅会让别人觉得你条理分明、思路清晰，而且会让人对你的发言颇为重视。久而久之，你的个人魅力也会在无形之中得到提升。

但是，我们如何才能逻辑清晰地表达自己的观点呢？

我们知道，优秀的主持人在主持节目或表达观点时，总是能够思维清晰、逻辑缜密，他们是怎么做到的呢？

关键一点就在于，他们在长期的练习和实践中，锻炼出了出色的思辨力。思辨力是一种思考辨析的能力。其中，思考指的是分析、推理和判断等思维活动，而辨析则是指对事物的类别、状况、事理等进行辨别分析。简而言之，思辨力就是一种抽象的思维能力。在表达的时候，良好的思辨力就是你表达的内在逻辑。思辨力越强，逻辑越清晰，表达的内容就越能让观众回味无穷，始于茫然而终于恍然。

接下来，我们就以主持人大赛第一阶段第三场比赛中的一篇即兴表达，来分析一下如何提升自己表达时的思辨力。

这篇表达是现场抽题，即兴发挥，题目是：2019年7月9日，江西萍乡暴雨，1998年出生的志愿者廖屹杰，已经连续奋战近14个小时。但是，当他安全地转移出了一名婴儿后，听说可能还有一名群众被水冲走没有救回时，这个年轻人坐在地上号啕大哭，他说："我真的很努力了。"后来经核实，并没有出现人员伤亡。

选手要在90秒内，即兴组织一篇新闻稿，向评委和选手展开

表达。选手刘仲萌是这样表达的:

《九十秒说人物》,我们今天关注的这个人,他叫廖屹杰。触动各位的是什么?是他哭着说"我真的很努力了",对吗?但是首先触动我的,是他救出了一名婴儿,而且后来经过核实未出现人员伤亡。做新闻的在灾难中最想听到的就是有人被救出来,而且没有人员伤亡。

其次,触动我的是他这身衣服。我一开始真的以为他是消防人员,后来知道,他是个志愿者,但他做的是与消防员一样的救人工作。我曾经采访过很多志愿者,发现他们有一个共同点,就是两个字——"奉献",并且不计任何回报和后果。正因为有了他们的奉献,我们的生活才会越来越有爱,也越来越有安全感。

在这个舞台上,很多人都说过这样一句话:"哪有什么岁月静好,只不过有人替我们负重前行。"我想再加上一句,就是:不能总让人家替我们手提肩扛,我们自己也要主动替别人分担一些责任,因为我们每个人都可能成为志愿者,或者是被志愿者帮助的人。

最后,我想再说一句,他的名字叫廖屹杰,1998年出生,比我还小8岁。他最后说:"我真的很努力了。"我要说,你不仅真的很努力了,而且你真的很棒,值得我学习。

对于这篇即兴表达，评委给出一个明确的点评：具有很宝贵的思辨力。而之所以如此评价，是因为选手在三个方面表现出了较强的思辨力。

1. 在表达时提炼出了清晰的要点

选手在这篇表达稿中，提炼出了两个清晰的要点，也就是最触动他的两点：一是这个人在暴雨中连续奋战14个小时后，还救出了一名婴儿；二是这个人并不是消防员，而是一名志愿者。提炼出这两点后，接着就以这两个要点为中心，展开了自己的表达。

需要注意的是，在提炼要点时，不宜让要点太多，否则听众不容易记住。通常来说，总结出2~4个要点就可以了。这就类似于我们写文章时经常用到的"三段论"，虽然内容不多，但清晰明了，可以增加语言的说服力。

比如，在公司的项目会议上，领导要求你就某个项目做一个简单的概括或总结，你就可以用提炼要点的方法来进行表达，如："对于这个项目，我的想法有三点：第一，明确产品的用户群体；第二，从哪些方面来满足客户需要；第三，客户通过使用可以获得哪些收获……"接下来，你就可以根据这三个要点展开分析、判断和清晰的论述。这就让你的阐述有了内在逻辑，比从头到尾没有重点、没有逻辑的表达更容易让人接受。

2. 用"5W1H"法表达出了事件内容和个人观点

在这个方法中,"5W"分别指的是何时(when)、何地(where)、人物是谁(who)、做什么(what),以及为什么(why),"1H"则是指怎么做(how)。

很多人在表达时,总是思路混乱、语无伦次,这主要源于他们在表达和陈述时没有把几个关键点说清楚,要表达的内容元素也不完整,使人听起来一头雾水。如果我们按照"5W1H"法来表达的话,就会让表达内容更加清晰,听的人也更容易听懂。

上面案例中的新闻稿,选手就在其中清晰地交代了这几方面的内容:

时间(when):2019年7月9日。

地点(where):江西萍乡。

人物(who):一个名叫廖屹杰的年轻志愿者。

所做的事(what):在连续抗洪抢险近14个小时后,还救下了一名婴儿,但是他却哭着说"我真的很努力了"。

为什么(why):因为他听说可能还有一名群众被冲走了。

怎么做(how):我们不能总让人家替我们手提肩扛,我们自己也要主动替别人分担一些责任,因为我们每个人都可能成为志愿者,或者是被志愿者帮助的人。

你看,短短的90秒,选手就把这些内容全部交代清楚了,同时还提出了自己的观点,也就是我们应该怎么做,从而让观众很容易就了解到其想要获得的重要信息。如评委所说,这种表达方式就体现出了选手作为记者强大的观察力和思辨力,因此也使表达的逻辑性更强,提出的观点更有说服力。

3. 结尾处总结升华,情感饱满丰富

凡事都有头有尾、有始有终才好,表达也是如此。在表达主体内容时,你的话题和观点很重要,因为这决定了听众要不要听下去、能不能认同你的观点;而在结尾处,你不但要强化自己的观点,还要对内容和观点进行总结升华,因为这决定了听众是不是有所收获、能不能与你产生共鸣。

在上面的案例中,选手在总结完自己的观点后,就在结尾处对自己所表达的内容和观点进行了一个升华:

> 最后,我想再说一句,他的名字叫廖屹杰,1998年出生,比我还小8岁。他最后说:"我真的很努力了。"我要说,你不仅真的很努力了,而且你真的很棒,值得我学习。

选手为什么要特别强调志愿者说的"我真的很努力了"呢?因为这深刻地体现出了这位志愿者因自己未能挽救更多的人而感到遗憾和悲伤的心情,体现出了志愿者心存大爱的高尚品格。所以,最后强化观点:虽然这位志愿者比自己年龄还要小,但仍然值得自己学习。这样,一篇逻辑清晰、有血有肉、情感丰富的新闻稿就形成

了一个完整的闭环，同时也给观众带来了深深的思考。

通过上面的分析，我们可以看出，想要让自己的表达更具有内在逻辑，就要像优秀的主持人那样，不断提升自己的思辨力和内在逻辑。而要做到这一点，我们平时就要不断积累知识和经验，积极训练自己的表达能力和思辨力，让自己的每一次表达都具有清晰的逻辑和丰富的内涵，就像评委朱迅老师在主持人大赛中点评选手时说的那样，要使表达出来的东西"拥有自己的气质"，要有"感情的厚度、精神的高度、思想的深度和知识的广度"。这样的表达，才是真正让人记忆深刻的表达。

控场力让表达卓有成效

在一场主持活动中，主持人就是全场关注的焦点和灵魂，可谓集多种身份于一身，既是节目效果的营造者，也是节目时间的调控者，更是节目突发事件的平复者。在这种情况下，主持人的控场力非常重要，它决定了这场主持活动的成功与否。

主持人的控场力主要表现在两个方面：一是准确地体现节目的基调、风格，能够和谐流畅地串联起整场活动或整台节目，这一点被称为常规控场；二是机智灵活，能够迅速得体地处置现场发生的意外情况，保证节目的顺利进行，这一点也被称为应变控场。其中，应变控场更考验主持人的主持功底。

在一个活动现场，原本马上要出场的嘉宾是一位歌手，但因为临时出现了一点儿状况，这位歌手没有按时出场。于是，该活动的主持人就在长达20分钟的等待时间里与观众"斗智斗勇"，一开始是跟观众开玩笑，活跃气氛："她怎么还不来，到底住不住这个酒店，还是正在来的路上？"到后来，观众已经等得有些不耐烦了，甚至要求主持人唱歌。

一听观众提出这个要求，主持人立刻机智地回应："主持人都是说得比唱得好，要是今天我唱了，明天各大报纸都会说我说不好，做不好主持人，只能现场卖唱了。"见观众仍然不依不饶，主持人又说："要不这样吧，我给大家出一道脑筋急转弯，大家答对了，我就唱。"

无奈之下，主持人又现场出题，但很快就被台下观众答出来了。眼看歌手还没有出来，主持人只能清唱了一首《但愿人长久》。唱完后，观众连连鼓掌欢呼。

正因为有了这位主持人的救场控场，才让现场一直保持着热烈的氛围，丝毫没有影响后面节目的正常进行。

在日常生活和工作中，虽然我们在表达时可能不必像主持人那样"八面玲珑"，但要想让表达更有成效，也需要具备一定的控场能力。它能让我们轻而易举地引起别人的注意，获得别人的认同，从而达到事半功倍的效果，这也是一个表达者个人素养、能力和智慧的全面而综合的表现。

不过，控场力并不完全指我们在表达过程中出现状况时，才需要控场，而是在表达的全程都需要把控好节奏和状况，随时都要让自己的表达"在线"，紧紧抓住观众的注意力。

1. 一开场就征服观众

营销界有一个"7秒定律"，意思是说，消费者会在7秒内决定自己是不是要购买某件商品。由此可以看出，一件商品怎样在一开始抓住消费者的心是很重要的。

表达也是如此。俗话说得好："良好的开头是成功的一半。"如果你的表达没有一个吸引人的开场白，那么你接下来的表达就很难再吸引观众。如果你的开场呆板无味，等你讲到关键内容时，恐怕观众早就低下头刷手机了。相反，倘若你的开场能像电影《甜心先生》中的那句台词那样——"你一开口就征服了我！"那么你就可以一鸣惊人，瞬间调动起观众的情绪，让观众产生想要听下去、参与进去的欲望。

在主持人大赛第一阶段第三场的文化类比赛中，选手要在90秒内进行一次主持开场。选手王帆是这样开场的：

> 观众朋友们大家好，欢迎收看《诉说》，我是主持人王帆。屋后的老树在风中梳理长发，昙花在梦中发芽，小路总有说不完的情话，悄悄告诉你哪里是家。
>
> 提到家，大家会不会想到拿起纸和笔写一封家书呢？古人说："烽火连三月，家书抵万金。"在战争年代，家

书极其重要，因为你要让家人知道你是平安的。刘勰在《文心雕龙》中说："心生而言立，言立而文明，自然之道也。"什么意思？所有的文字，所有的语言，都要从心出发，而家书最重要的作用就是我们写的都是真心话。

那么我们今天节目中的嘉宾，在他的节目中也与我们分享了很多的文字、书信，见字如面，见信如物，今天就让我们一起听一听《一封家书》的故事。

这个开场就很符合节目要求的风格，既然是主持文艺类节目，语言就要带有一定的文化气息，向所有观众传递出一个强烈而又清晰的信号：我是主持人，我今天主持的节目是文艺类节目，进而将观众的思维引向文艺方面。所以，评委对这个开场白给出了很高的评价：不但定位明确，语言中还引经据典，但又没有文艺的高高在上、曲高和寡，而是与现实生活相结合，这是最容易打动人心的。可以说，选手在整个开场把控方面都完成得非常好。

当然，在日常生活和工作中，我们的表达方式与主持人可能会有一些差别，但从整体上来说，一个"抓人"的开场白会对掌控全场起着非常重要的作用。

比如，著名投资人、经纬中国创始人张颖有一次到客户公司开会，由于时间比较紧迫，张颖落座后，紧接着就说："大家都比较忙，创业者都不容易，互相理解。这样，我们今天只谈一个小时，一小时结束后我们就走，不耽误大家的时间。"

这个开场只有简短的几句话，却明确了会议的时间、节奏和讨论范畴，直接让自己从客人变成控场主持人。这就是一种单刀直入式的开场白，一下子便从整体上把控了会议节奏，同时也将大家原本松散的注意力拉回到即将开始的会议之中。

2. 表达过程中善于随机应变

不管是哪种类型的表达，都有可能出现意外或突发的事情，优秀的主持人往往可以随机应变，巧妙地化解现场的状况。这也是主持人非常重要的职责。

再比如演讲过程中，也很容易出现一些突发状况，比如台下的观众交头接耳、注意力分散、互动效果不佳，或者自己出了状况，或者现场设备出现了故障，等等。这时，不仅要求演讲者具有深厚的知识储备、卓越的表达能力，还要有稳定的心态和出色的随机应变能力，保证演讲的顺利进行。

> 在1952年的奥斯卡颁奖典礼上，获奖者雪莉·布恩（Shirley Booth）在听到主持人叫自己的名字后，非常激动，以至于在上台领奖时跑得太急，在上台阶时绊了一下，差点儿摔倒。
>
> 但是，她登上领奖台，在获奖致辞时一语双关地说道："我经历了漫长的艰苦跋涉，才达到事业的高峰。"
>
> 话音一落，全场立刻响起了一片掌声。

此外，在主持会议或节目时也有可能出现一些意外状况，比如中间冷场了。这时，你就可以这样来救场："我们现在来插入一个小节目，大家一起来放松一下。"

如果是讨论问题过于发散，甚至有些跑题了，或者是其中某个人不按规则发言，总是打断别人，让讨论无法正常进行时，你就可以这样说："我想我们应该暂停一下，看看咱们讨论的目标是什么，咱们刚才讨论的问题是不是还锁定在这个目标上呢？咱们来收拢一下。"等大家都把思维重新拉回到问题上时，再继续讨论。

当然，要想在表达过程中成功控场，平时我们也要有意识地训练自己表达时的观察能力、思维能力、反应能力等，多练习、多总结，不断提高自己的表达技巧。同时在表达之前，为了预防意外状况的发生，我们也可以提前做好预备方案，这样也能让你在表达时更加从容不迫。

3. 结尾处首尾呼应，让人回味无穷

结尾可以说是最后一个向观众传递信息、表达观点的机会，如果说漂亮的开场已经让表达成功了一半，那么精彩的结尾就会令人回味无穷。但是，很多人在表达完自己的观点时，结尾却很草率，既没有总结，也没有升华，让人感觉虎头蛇尾，甚至让人对前面所讲的内容也失去了兴趣，这就非常可惜了。

在主持人大赛第二赛段第二场中，文艺类选手孟语凡以"我们都是追梦人"展开了一段主持演讲。她讲的内容是：

"以青春之我,创建青春之国家、青春之民族",今年(2019年)是五四运动一百周年,一百年来,一代代中华儿女接过父辈手中的"枪",为祖国发光、发热。刚刚在我们上一个节目《我的未来不是梦》当中,有一位领唱的女孩大家注意到没有?她梳着短发,英姿飒爽,她是我的老乡,山西姑娘宋玺……

2016年,大三的宋玺携笔从戎,进入了军营。2017年,她作为唯一的女海军陆战队员,在亚丁湾执行任务,他们救了19名外籍船员,她将中国女兵的英姿和热血带到了世界。

……接下来这个节目的表演者,可以说是宋玺的后继者们,不过不同的是,他们是一群男孩子,是186名来自我军各个军种的小伙子。他们可能会突破您的想象,因为他们会带来活力,带来各种各样的表演,把军营的青春热血,还有他们年轻的想象带给大家。接下来我们共同聆听他们的《誓言铮铮》。

孟语凡讲完后,评委给出了一段中肯的评价,大意是前面开篇都很完美,但唯一有点儿遗憾的是没有在结尾的时候强化一下主题。开篇说到了"今年(2019年)是五四运动一百周年",中间讲到了如何传承五四精神、激发青春力量,但在结尾处,却没有与开篇呼应,结果令整篇表达显得很散,没有紧扣主题,也就没有完成很好的控场效果。

  总而言之，出色的控场力不仅是一个主持人必备的基本功力，也是任何一个想要表达自己、展现自己的人所必备的能力。无论是在日常生活中，还是在职业生涯里，缺乏控场力，就意味着你的观点、你的思想、你的优势无法更好地展现出来，传递给别人，这也意味着你难以成为具有影响力的人。所以，要想让自己的表达卓有成效，赢得他人的信任和认同，就一定要像主持人一样，掌握出色的控场能力。

表达的五个维度

主持人是一个以表达为主的行业，表达的好坏会直接影响主持人的能力水平。所以，主持人都是具备一定的表达维度和表达技巧的。

通常来说，主持人在主持和表达时主要从情境、话题、节奏、情感和结尾等几个维度入手，运用自己的表达技巧，向观众传达信息、传递情感、传播道理，以达到自己的主持目的。如果我们也想像主持人一样，在任何一次表达中都能做到思路清晰、话题准确、情感丰富，让人意犹未尽，那么也需要从下面几个维度入手，修炼自己的语言能力和表达技巧。

1. 情境

情境就是主持人在主持或表达时的地点、时间、自己的角色、观众的偏好，以及自己与观众的关系等。通常来说，表达时对具体的情境分析得越详细，就越容易找准表达的目标，确定好自己要表达的主题和内容、结构、方式等。

在主持人大赛第二阶段第三场中，评委朱迅老师给选手张舒越出了一道题目：根据节目预设情境进行主持。她先介绍了两位《星光大道》舞台上的追梦人，一位是李玉刚，节目预设是李玉刚要帮助新晋选手并演唱歌曲《新贵妃醉酒》；另一位是蒙古族男歌手傲日其愣，节目预设的情境是傲日其愣距离冠军仅一步之遥，并演唱歌曲《父亲的草原母亲的河》。要求张舒越根据这些情境进行即兴主持。

根据以上预设的情境，张舒越展开了一段即兴主持：

> 亲爱的现场以及电视机前的观众朋友们，欢迎步入《星光大道》。这里是2019年年度总决赛的比赛现场，我是主持人舒越，欢迎各位！
>
> 说实话，听完刚才傲日其愣唱的《父亲的草原母亲的河》，我心里特感动。因为什么？大家可能不知道，其实小时候，傲日其愣的父亲用家里仅剩的两头羊换了音乐老师的两盘音乐卡带，才让他得以走上自己的音乐道路。咱们多幸运啊，能陪着台上的选手们一起笑、一起哭、一起成长。
>
> ……

今天有一位神秘嘉宾来到我们现场，为选手帮帮唱。他是谁呢？我先讲个小故事。在以前的时候，他要和一位女歌手一起唱《为了谁》，可那位女歌手那天肚子疼，于是他就用了男女声、真假声自如地转换完成了歌曲，他是谁大家知道了吗？他就是李玉刚，也就是咱们《星光大道》的老朋友，2006年年度季军。
……

这段主持结束后，朱迅老师的点评是"特别接地气"，而这一点也正是《星光大道》的魂。如果主持风格高高悬在空中，或是用综艺节目那种比较安全的方式主持，就很难落到观众心中。

其实不只是主持人，任何人处于不同的情境当中，都要经受语言能力的考验，不管是轻松的活动还是紧急的会议，在表达时所说的话都必须符合情境，同时语气、语调、语速等也都要符合当时的实际情况。

2. 话题

任何一次表达，都需要有明确的话题，要让别人知道你所表达的观点到底是什么。主持人在表达时，虽然每个节目或每次活动都会有大的主题，但主持人还是会先明确自己要讲的具体内容，或者是一个观点，或者是一个态度，或者是一个故事……只有明确自己要表达的是什么、目标指向是什么，才能确定话题的核心思想和目标，表达也才会更有灵魂，更能打动人。

克里斯·安德森是环球知识分享会TED（技术、娱乐、设计三个英文单词的首字母）的创始人，TED首席教练，他以自我介绍为例，讲述了明确话题、围绕话题阐释的方法。他的自我介绍有两个版本，第一个版本：

> 虽然我是英国人，但我出生在巴基斯坦，父亲是一位传教士、眼科医生，我的童年是在巴基斯坦、印度和阿富汗度过的。我在13岁时被送往英国的一所寄宿学校，之后进入剑桥大学学习，获得哲学、政治学和经济学学位。我的第一份工作是在威尔士当地一家报社当记者。20世纪80年代中期，回到英国后我迷上了计算机，并创办了一系列计算机方面的期刊，那是发行专业期刊的黄金时期。我的公司规模年年翻番，这样持续了7年，然后我又卖掉了公司，搬到美国重新开始。到了2000年，我的公司已经拥有了2000名员工、150种杂志和网站，然而互联网泡沫破灭，我的公司受到重创。2001年末，我离开了公司，庆幸的是我在一家非营利性的组织投入了一些资金，可用来购买TED。它当时还是在加利福尼亚举办的一年一度的大会，从此以后它便成为我生命中孜孜以求的事业。

第二个版本：

> 我想带你回到1977年，去牛津大学的一间教室，你打开门，仿佛里面空无一人。等等，在一个角落里，有个男孩正躺在地板上，盯着天花板。那就是我，21岁的我。我正在思考，苦苦地思考。我试图……请别笑……我试图解决关于自由意志的问题。就是那个困扰了世界上的哲学家至少2 000年的深奥而又神秘的问题吗？没错，我思考的正是那个问题。所有客观审视这一场景的人都会得出这样的结论：这个男孩是傲慢与虚妄的怪异组合，或者他只是有些孤僻，不善社交，更喜欢与思想为伴而不是与人为伴。那我自己怎么看呢？我是一个梦想家，一直都迷恋思想的力量，而且我相信，正是这种内倾意识使我在远离传教士父母的情况下，能在印度和英国的寄宿学校里不断成长，也让我有信心去创办媒体公司。当然，正是住在我心里的那个梦想家深深爱上了TED。

显然第一个版本给出的信息更多更详细，第二个版本只集中于"梦想家"这个话题，而正是这种集中，让这段话给我们的印象和感受更深刻、更震撼。如果作者定的是"企业家"或"创业者"的话题，那么要组织的表达材料可能完全不同。

因此，在确定话题后，要主动筛选那些跟话题相关的内容，使表达的每个元素都与这个话题相关，而不是洋洋洒洒地讲现成的毫无重点的内容，或自己能讲的内容，这样，表达才能产生它应有的效果。

3. 节奏

一个主持人如果想要让自己的主持更成功，观众更喜欢自己，愿意听自己说话，就要把握好主持时的表达节奏，开场要说多少内容、用多长时间，如何引出自己的观点，如何控制好表达的信息量等，都关系到主持的成功与否。所以我们会发现，在看一些优秀主持人主持的节目时，我们的思维、情绪等，很容易被他们牵着走，该轻松时会跟着轻松，该紧张时也会跟着紧张，就像评委在节目中点评选手时所说的那样，表达节奏要做到"疏可跑马，但却密不透风"。轻松的时候，空隙里可以跑马，要让整个节奏松弛下来；但是紧张的时候，一根针都插不进来，观众必须跟着自己的语言节奏走。如果一个主持人在主持一则令人很紧张的新闻时，表达却拖拖拉拉、东拉西扯，半天说不到重点，就会给人一种很"拉胯"的感觉。或者是要讲一个有深度、有逻辑的故事，表达时却毫无主次，也难以引起观众的兴趣，更别说引发观众的思考与共鸣了。这样的表达显然都是很失败的。

所以，主持人康辉老师曾在点评选手时说，"好的主持人需要在有限的时间内，通过语言弹性来表达出一些很有特质的内容"。

也就是说，表达是需要一环套一环的，每一环都不可缺少，但又必须做到主次分明，过渡自然，既能展现出最精彩的部分，又不会让细节内容显得过于琐碎。

我们在表达时，哪怕是达不到主持人那样的表达水平，也要学习主持人的表达节奏，该轻松时就轻松，该紧张时也不"拉胯"。毕竟表达不仅仅是为了让自己把话说完，还要让对方听清楚、听明白，更要让对方认为你说得有道理，这才是表达需要达到的效果。

4. 情感

主持人主持节目时，对情感表达的要求是很高的，尤其是综艺节目的主持人，不但要情感充沛，情感表达还必须准确，因为"过"与"不及"观众都不买账。只有善于迅速调动自己的情感并感染观众，同时又能准确地驾驭自己的情感分寸和表达感情的尺度，才有可能成为一名优秀的主持人。

在主持人大赛第三赛段中，选手白影用5分钟时间讲了一个关于乡村振兴的故事。在这个故事中，村主任王丰华曾经向村民们许下诺言："只要你敢说出你的梦想，我们就有动力和信心去帮你实现。"六年后，王丰华答应大家的事都一一实现了，可他却因为肺癌去世了。

故事的最后，白影是这样讲的：

……

  我们的采访快要结束的时候,村书记告诉我,他是和王丰华同时上任的,当时他们说好了,要在六年时间里好好干一番事业,完成村民的梦想,还差几个月就刚好六年了。"让梦想瓜熟蒂落,与村民同频共振。"那一刻我有些恍惚,似乎王丰华从来没有离开过。是的,在迎丰村永远有丰华,永远有这一群为了梦想愿意奋斗的人。

  什么是乡村振兴?如何实现乡村振兴?在这个小山村,我找到了答案。在中国960万平方公里的广袤大地上,迎丰村,还有更多的山村,都在奋斗中迎接自己的丰收。而这样的丰收,你盼望的丰收,我相信,你一定看得见。

  这个故事讲完后,几位评委都给出了很高的评价。康辉老师表示,作为主持人,白影这个故事中的情感很打动他。同时其他评委也认为,这个奔跑在乡村振兴道路上的带头人的故事,"让大家心里感到很温暖,站在田埂上看到了希望"。

  在表达过程中,表达者个人真实情感的自然流露,无疑是最重要的,也是最能打动人心的。大量心理学研究表明,真情实感是一切人际交往和社会交往得以存在和维持的基础,也是一切社会交往得以实现和成功的秘诀。其实不只是在主持过程中,在任何类型的表达中,一个人能否真诚地表现自己,有没有交谈沟通的诚意,是否展现出了自己最真实的情感，都会影响沟通表达的效果。

5. 结尾

一个优秀的主持人，在主持的结尾一定会像一位歌剧明星一样来结束他们的主持，不论是在语言上，还是在思想上，都会给观众留下一个"高音"。简而言之，完美的结尾不但要对整体主持的内容进行总结，还会进一步深化主题，帮助观众强化前面所表达的内容，还可以画龙点睛，给观众留下深刻而又难忘的印象，让观众意犹未尽，回味无穷。

在一些其他形式的表达中，如演讲、会议、工作报告等，结尾部分同样是表达的一个至关重要的时刻，就像飞机降落时轮子接触地面的那一刻，直接决定了听众对你的最后印象，也决定了他们最终是否能够接受你的观点，赞同你的建议。

总而言之，主持人就是通过语言表达来使交流的双方满足各自的需求，获得自己所要的信息，因此，表达的维度和语言的技巧对于主持人来说都显得尤为重要。而以上五个维度，也分别代表了主持人表达时的角度、态度、速度、温度和深度，如果再掌握了其中的技巧，灵活运用，就能够成为一名出色的主持人。而作为不是主持人的我们，具有清晰的逻辑思维能力和出色的表达能力也同样重要。因此，我们也可以从以上五个维度入手，抓住表达的核心，掌握表达技巧，锻炼表达能力，让自己成为一名优秀的表达者，为自己的生活和工作锦上添花。

表达情境

每次表达都是角色的转换

第2章

> 主持人一定要有"口",也要有"笔",你的"脑力""脚力""眼力""笔力"一定要跟得上。
>
> ——朱迅

观察是表达的基本功

对于很多人来说，在表达沟通中总是太着急。他们过分担心自己不能畅所欲言地表达，也害怕别人看不见他，所以经常还没等别人说完，就忙着抢过话题，开始自己的表达，结果很容易引起别人的反感。

实际上，不论在何种情况下，想要引起对方的兴趣，让表达或沟通更好地进行下去，都要注意一个重要前提，就是先观察，再说话。表达或沟通都不仅仅是动口，还要学会动眼、动脑。

一个优秀的主持人必备的基本功之一，就是敏锐的观察力，这也是主持人在生活中有意识、长期坚持不懈地培养起来的能力。正因为具有敏锐的观察力，即使是第一次见到某一个场景，他们也能敏锐地抓住其中的关键点；即使是第一次见面的嘉宾，他们也能很快把握住对方的个性特征、沟通风格,从而找到适合的话题,有针对性地进行表达或与对方沟通。

在主持人大赛中,评委康辉老师的观察力就得到了广大网友的"爆赞"。在大赛中,只要给出的素材是与新闻素材相关的背景和人物,康辉老师简直驾轻就熟,在极短的时间内就能结合现实情境,提炼出独具一格的观点,因而也被网友称赞为"开口即申论"。

比如,在看到十八洞村龙德成奶奶时,他立刻关注到了精准扶贫的影响力;在看到大凉山电工阿依布布时,他立刻引申到决胜全面建成小康社会的惠及;当看到亲吻国旗的老兵李安甫时,他立刻提出"14亿人都是五星红旗的护旗手"的观点……这样敏锐的观察力,简直令人震惊。也正因为具备这样的观察力,才让他的表达更加符合当时的场景,也更加顺畅而又独树一帜。

我们常说,细致的观察力是写文章的基础,其实细致的观察力同样是表达的基础。优秀的主持人之所以具有出色主持和表达的"内功",往往就是因为他们的经历和阅历、对生活的观察和思考。

在主持人大赛第一阶段第四场中,选手郭嘉宁以一张图片为素材,要进行一段90秒的即兴表达。这张图片的内容取材于一段视频,内容是一位儿子为老母亲在病床前跳舞。郭嘉宁看完这幅图片后,是这样表达的:

> 从小到大,我们都知道孝道是中华民族的传统美德,我们也听过华夏五千年太多关于孝的传说与故事。但梦想

照进现实，我们会发现，现在我们提到的最多关于孝的声音或者关于孝的倡议是什么？是常回家看看。这时候我们就需要思考了，什么叫看看？这可能是最基础、最底线的一步，所谓看看就是陪伴。

可能有人会说，我们这一代年轻人"421"家庭，工作压力大、繁忙、没有时间等，这当然都是客观事实。那我们应该怎么做？在这儿我想到的一点是：我们的希望很简单，只需要在陪伴之上，再加上一点点的温度。

我们做到这一步其实并不难，这个标准制定起来也很简单，就像一个20多岁的人怎样去哄你的女朋友，一个30多岁的人怎样去哄你的媳妇，一个40多岁的人怎样去哄你的儿子，一个50多岁的人怎样去哄你的孙子。拿出这样的姿态，去对待你们家的那位"老小孩"。

总而言之，最后就一句话，老人笑了，你就孝了！

表达结束后，评委给出了一个非常肯定的评价："在这样一个忽略了过程的时代，你能够通过自己的观察，总结出最后的那句话，一下子就说到了别人的心里。"

最后那句话是什么呢？是"老人笑了，你就孝了"。选手正是通过对视频画面的仔细观察，发现画面中老人的微笑，那是一种欣慰的、发自内心的满足的笑，这就是儿子给予母亲最好的"孝"。观察到这个细节后，选手接下来才有了表达的素材和结尾的金句，并且用一句话点明了表达的主题：让老人发自内心地笑，是子女给予老人最好的孝。

著名主持人敬一丹老师曾经对新闻专业的学生说："拥有出色的观察力，从那些被漠视的角度看问题，是新闻人的本分。"其实不光是新闻人或主持人，任何一个想要流畅地表达的人，都应该具备出色的观察力这项基本功。但是，观察力虽然是一项基本功，却不是人人天生就具有的，而是需要我们在后天进行长期的修炼和积累的。

1. 明确观察目的

观察不是漫无目的地"看"，而是一种有目的、有计划的知觉。为了发现事物的客观发展规律，我们需要按照预定的计划和目的，对某一对象进行连续的、有秩序的观看、倾听和考察，以获取第一手有价值的资料。所以，观察不是一种被动的认识，而是一种主动的思维知觉。

在观察一个人或一件事时，我们首先要在明确的目的性指导下，调动起各个感觉器官和思维系统，明确自己要观察什么，为什么要观察它，要选取什么角度观察。有了这个目标，才能提高知觉的选择性，把注意力集中到观察对象上。

虽然我们在日常表达时不需要像主持人那样严肃、客观，但如果不善于观察，不明确观察目的，就无法获取表达所需的有效信息，表达时也难以抓住重点，缺乏说服力。

2. 观察要注意细节

观察，是由"观"去感觉那些具体、细微、个别、部分的现象，并以此为基础，去"察"知各种事物之间的关联，以及事物的特征与内在意义，从深层次上去把握事物本质。比如上文案例中的选手郭嘉宁，就是因为捕捉到"笑"这个细微的表情变化，才由此展开了自己的表达。

一般来说，在观察过程中，如果我们的观察对象是人，那么就要从对方的外貌仪表、行为动作、面部表情、语气神态等细节上仔细观察。比如，如果对方表情凝滞，眼神回避，说明可能触碰到对方想避而不谈的话题，这时你要考虑的就是要不要转换话题，寻找对方想听、想聊的话题；对方微笑、点头，则可能是对你的话题感兴趣或表示认同，希望你继续表达下去；对方出现情绪波动，可能需要你暂时停顿，给予对方情绪缓冲的时间。

中央广播电视总台《鲁健访谈》节目的主持人鲁健，对话过很多名人大咖。在采访过程中，鲁健就很善于观察对方的面部表情、细微动作等细节，并且知道自己什么时候该说话，什么时候该暂停。

比如，在采访小米 CEO 雷军时，他问雷军："到底是什么样的一个因素或一个点，让您突然想明白了，'我'要创办小米？"

雷军思索了一会儿，回答说："在我快 40 岁的时候，我有一次从睡梦中醒来，忽然想到，我曾经想要创办一个伟大的公司，做一点伟大的事情，可到了40岁的年纪，我觉得自己一事无成。"

鲁健笑了，有点儿不可置信地问："您40岁，手里握着大笔现金，觉得自己一事无成？"

雷军顿了顿，说："是的，这对一般人来说是没法理解的，但是，要看你的追求是什么。如果你从小希望自己做一件伟大的事，但到40岁，却发现自己一点儿都不伟大，内心的挫败感是很强的……"

这时，鲁健发现，之前一直侃侃而谈的雷军情绪有点儿低落，显然，鲁健的问题触及了他的情绪点。鲁健见状，马上暂停说话，没有再追问雷军，而是等雷军情绪稍稍平复后，继续采访。

如果观察的是事物，则既要注意从整体上把握事物，又要观察事物的细节变化，并从中找出自己所要表达的关键点。

很多人都读过法国作家法布尔的《昆虫记》，在读《昆虫记》时，除了赞叹其优美的语言、质朴的情感外，最让人佩服的就是法布尔对事物的细致观察了。人们经常很容易忽略的细节，法布尔都能观察到。比如，他对松毛虫的观察和描写："这种小圆柱好像小小的手电筒，大的约有一寸长，五分之一或六分之一寸宽，裹在一对对松针的根部。这小筒的外貌，有点儿像丝织品，白里略透一点儿红。小筒的上面叠着一层层鳞片，就跟屋顶上的瓦片似的……"

以上这样的细致描写与表达，就来自作者敏锐的观察力，也来自他对所观察事物的认真细致与用心，难怪达尔文称赞法布尔是一位"无法效仿的观察家"呢！

任何形式的表达，都离不开对细节的观察。只有善于观察细节，抓住细节中的关键点来表达，我们的表达才更加吸引人，更能引起他人的共鸣。

3. 善于通过观察探寻事物本质

《红楼梦》中有一副极具思辨性的对联："世事洞明皆学问，人情练达即文章。"这里的"洞"就是洞察，也就是一种透彻的观察，通过观察来探寻事物的本质。

在主持人大赛新闻类的总决赛中，选手邹韵就一幅老人生病后众筹的图片，展开了一段表达：

今天我们要讲的是一个关于善的故事，又或者不仅仅是一个关于善的故事。

科技是国家强盛之基，创新是民族进步之魂。而在近些年，科技创新不光给我们的物质生活带来了很多的变化，也让我们的很多行为发生了转变。其中有一个就是让我们的善举变得更加电子化、便捷化，原因是有一个平台的兴起，那就是众筹平台。像我们看到的图片里这位老人，他穿着病号服躺在病床上，看起来需要一些帮助，需要钱来治病，所以他就在众筹平台的这一端提出了他的需求，而在那一端有很多人都伸出了援手，向他提供资金的帮助或者一些其他的帮助，也就是有钱出钱，有力出力，希望能够帮他渡过这个难关。但是，真实的情况是怎么样的呢？我们来看下一幅图。

看来这位老人病得并没有那么重，至少他足够清醒，就是一边跟别人要着钱，一边却在用别人的钱买房子，没有用来治病。在我看来，这是一种很可悲的现象，因为他花的不仅仅是别人的血汗钱，是别人给他的治病钱，更重要的是，他消耗了人性当中最美好的东西。

就像我刚刚说的，科技创新让我们这个时代发生了很多变化，因此我想对这个众筹平台两端的那些人，也就是不管是求助者还是那些给予帮助的人说三个字，就是"请三思"。在这样一个时代，当你想去提供一些帮助时，你的善举是值得被肯定的，但有时候眼见不一定为实，有时候照片并不一定反映真实的情况。因此，当你想要去提供一些帮助时，请一定要了解更多的信息。而在平台的那一端，当你真正需要帮助的时候再去求救，而不要去滥用别人给你的温暖、别人予你的爱心、别人对你的关怀。

我们都希望明天可以比今天更美好一点点，而其中美好的一个很重要的填充部分是善，这不是一个人的善，不是一群人的善，而是每一个人的善。毕竟，一花独放不是春，百花齐放才能春满园。

这段表达，不仅说出了自己观察到的事物表象，还透过表象深入地剖析了背后的本质。而这个本质，才是真正能够打动人心的地方。

所以，我们在观察时，不但要去接触人、看事物，还要善于抓住人物或事物的本质特点，这样在沟通表达时，你才能真正把话说到"点子"上，让表达更加有效地进行，真正起到影响他人的作用。

总而言之，敏锐而又细致的观察力是在生活中有意识且长期坚持不懈的观察中培养起来的，它要求我们要经常自觉地把目光投向生活中的人和事。只有这样，你才能积累起沟通表达所需的深厚的基本功，让每一次表达都产生你期望的效果，甚至是超出你期望的效果。

不同场景，不同角色形象

在生活中，我们每个人都扮演着很多不同的角色，如父母、孩子、同事、朋友、上司、下属等，这也决定了我们在不同的角色中要有不同的表达方式。有一句话叫"见什么人说什么话"，说的其实就是这个道理。在表达时，我们既要考虑对方的性格特点，也要考虑对方的生活方式、文化背景等，随之所用的表达方式也必须做出改变，这样才能选择令对方更容易接受的语言方式与之打交道，表达与沟通才会更有效果。

有这样一则笑话，说某个人很擅长说话。有一天他请客，客人到齐后，他挨个儿问客人是怎么来的。

第一个来的人说，自己是乘坐出租车来的，他立刻大拇指一竖，说："潇洒，潇洒！"第二个人是一位领导，说自己是开车来的，他立刻惊叹道："时髦，时髦！"第三个人显得有些不好意思，说自己是骑自行车来的，他马上拍拍人家肩膀连声称赞："廉洁，廉洁！"第四个人既没权没势，也没有自行车，就说自己是走着来的，他又马上面露羡慕地说："健康，健康！"第五个人见主人这么会说话，就想为难他一下，说自己是爬着来的，没想到他立刻击掌叫好，说道："稳当，稳当！"

看到这里，你也许会感到很好笑，但细细思忖，难道这不就是根据不同的人，运用不同的表达方式吗？

古人说："知彼知己者，百战不殆。"表达也是一样，在开口之前，必须先了解对方的身份、职业、性格特点、知识水平、说话风格等，然后针对对方的特征，采取不同的沟通技巧，这样才能把话说进对方的心里去。比如，有的人说话很冲动，喜欢与人争辩是非；有的人说话慢条斯理，喜欢条分缕析等。面对不同的人，你必须先了解清楚，否则，即使你说得再好，再有道理，也很难得到对方的认可，甚至还会因此而导致不必要的矛盾。

很多人都读过曾国藩的故事，知道曾国藩一生阅人无数，与人交往无数，那么，他都是如何与人交往的呢？

在一般人看来，曾国藩沉默寡言，比较木讷，应该是个不擅交际、不善言辞的人，但其实曾国藩口才了得，每次说话表达都能引经据典，滔滔不绝，并且经常能够直击问题要害。更重要的是，他在与人沟通时，经常是遇到不同的人，就说不同的话。

比如，在与皇帝交谈时，他就只谈国事，不谈家事。曾国藩一生历经道光、咸丰皇帝和慈禧太后等多位当权统治者，但跟任何一个当权者沟通，他所谈论的从来都是国事，自己的私事、家事从来不说，也不要官，不求封赏。

作为当朝重臣，曾国藩肯定少不了要与同僚来往。但在与同僚交往过程中，他通常只谈彼此的兴趣爱好，并且很少与对方走得太近。即使听到别人谈论官员的长短，他也会迅速转移话题，或者直接离开。

而与朋友交往时，曾国藩又绝不谈论对方的短处。左宗棠曾与曾国藩同窗，他认为曾国藩性格太懦弱，经常当着曾国藩的面批评指责他，曾国藩的其他同窗和门徒都不喜欢左宗棠，但曾国藩却从不说左宗棠半句不好，每次都是微笑倾听，还常说左宗棠的优点。

正因为曾国藩能够采取不同的方式与身边不同的人相处沟通，才巧妙地处理好了各种人际关系，得以善终。

那么，我们在生活和工作中，怎样根据不同的人选择不同的表达方式，把话说到对方心里，为自己赢得良好的人际关系，或者得到自己想要的结果呢？

1. 与家人说话，要态度温和

很多人觉得，家人是自己最亲近的人，但也是我们最容易忽视的人，经常对自己家人放肆、任性地发脾气，甚至遇到一点儿问题就不肯原谅，这是大错特错的。要知道，家人是你一生中最亲近、最重要的人，不但不应轻易发脾气，反而应该用最耐心、最温和的方式与他们沟通交流。

在与家中的长辈沟通时，要特别注意分寸，不要用平时自己跟平辈人说话的语气那样无所顾忌。比如，你经常在一个不服老或者很怕老的老人面前说他"年纪大了""老了"，就会令对方很不舒服，从而对你产生不满情绪。如果要向老人表达自己的观点或意见，也要注意表达方式，同时表达时要慢一些、耐心一些，最好用老人能听懂和接受的语言，便于老人理解。

与孩子沟通或表达意见、建议时，则要注意放低自己的姿态，不要一副高高在上的样子，让孩子感到不适。如果孩子提出自己的想法，不要轻易否定，而是要给出中肯的分析，积极给予他们支持和建议。哪怕你明知道他们的想法不成熟，甚至很幼稚，也要对他们能提出自己的观点和意见而给予鼓励，鼓励会让孩子变得更加自信。

2. 与朋友说话，要坦率真诚

朋友之间互相沟通或表达意见时，最关键的一点就是彼此要坦率真诚，不要站在高人一等的角度跟朋友说话，也不要动不动就把你熟悉或擅长的专业词汇挂在嘴上。有时候甚至可以说话通俗一点儿，这样更能拉近朋友之间的关系。

如果你想向朋友提意见或表达看法，一定要注意，学会设身处地地站在对方的角度考虑问题，只有这样，你才能体会对方的感受，并且才能有针对性地给朋友提出切实可行的建议，对方也更容易接纳。

3. 与同事说话，要把握分寸

同事间的关系比较特殊，既是合作关系又是竞争关系，在沟通表达时要注意把握分寸，尤其在一些敏感话题上面。

如果想给同事提意见或建议，要注意两点：

一是最好在私下提，不要大庭广众之下给对方提意见，否则会让对方很没面子，对方即使表面对你表示感谢，内心也会不满。你可以选择休息或下班之后提一下，并且不要说得太明确，点到为止即可。

二是根据你与同事之间的关系来提意见，如果你们之间比较亲密，关系很好，可以不用过多顾虑，直接说出你的真实想法即可。只要你提出的意见是真心为对方好，而且是符合情理的，对方一般都能接受。如果你跟对方关系一般，那么表达时语气一定要委婉，或者运用一些表达小技巧，比如先肯定对方做得好的地方，再顺便提一下对方有待改进的地方，会让对方更容易接受。

4. 与领导表达，要言简意赅

跟领导之间沟通或汇报工作，最忌啰啰唆唆，半天说不到重点。一定要言简意赅，清晰地表达出你要说的内容。在讲清楚事情之后，也可以再简要地表达一下你对利弊的分析，供领导参考。如果是汇报工作，或者给出项目方案等，最好能一次提供两套方案，供领导做选择题，而不是问答题。

如果要给领导提建议，那就需要一些策略了，尤其不要心里怎么想嘴里就怎么说，一定要间接、委婉地提出，有时甚至要从正反两个方面说，先肯定和支持，再提出意见和建议。总之，要让领导自己发现问题，而不是让领导认为你给他找出了问题。

> 德国皇帝威廉二世曾设计了一艘军舰，想让国际著名的造船专家来评价鉴定一下。于是，他就在设计书中写道："这是我经过多年研究、长期思考和精细工作的结果，请国际著名造船专家对此设计做出鉴定。"
>
> 过了一段时间，造船专家送回了鉴定意见："陛下，您设计的这艘军舰不但威力无比、坚固异常，还十分美丽，简直就是空前绝后。它的速度简直令人惊叹，它的武器也是强大无比。尤其是舰内设备，简直让舰长和水手赞不绝口。但是，您这艘独一无二的战舰只有一个缺点，就是一下水会立刻下沉，如同铅铸的鸭子一样。"

面对喜怒无常的国王，正直的造船专家必须实话实说，"国王的设计很糟糕"。但为了防止国王发怒，他只能采取先扬后抑的方法，先对国王的设计赞赏一番，最后再委婉地表达出自己的意见。如果是普通人的设计，想必造船专家连看都不会看一眼，可对方是身份尊贵的国王，甚至是能够决定自己生死的人，所以不得不迂回地表达意见，以便国王能够接受，又不会给自己带来性命之虞。

5. 与客户沟通，要先拉关系

与客户沟通，不要一上来就推销你的产品或业务，而是要先拉近彼此间的关系，这样，你才能了解对方的性格，同时找准对方面对的问题和需求，继而再找到你们之间的利益共同点，最后再在沟通过程中表达出你能为他解决的问题或提供的帮助。如此一来，你再进一步说什么，对方才能听进去，并愿意接受你的意见。

有一位业务员，代表公司与另一家公司谈业务。对方先后派来四个人，他都把对方哄得开开心心的。

首先来的是一位副总经理，这位业务员在跟对方沟通时，发现对方是个严谨细致的人。于是，他就用事实和数据说话，为对方摆事实、列数据，让对方觉得他很认真、很专业。

接下来来的是采购主管，在沟通过程中，业务员发现对方性格开朗，于是他谈笑风生，与对方无话不谈，两人很快就打成一片。

后面来了一个技术主管，他发现这名技术主管比较腼腆，于是又循循善诱，耐心细致地与对方沟通，展现出了良好的职业道德和服务精神。

最后又来了一个财务人员，他发现对方锱铢必较，于是便陪着对方一点点计算成本、收益，让对方十分满意。

最终，他不但成功地拿下了这笔大单，而且与他打过交道的几个人员都觉得自己跟他是一路人，对他评价非常好。

总而言之，面对不同的人，运用不同的表达技巧，这不是虚伪，而是一种非常可贵的沟通技巧，也是一种个人需要修炼的沟通素养。如果做不到这一点，那么不管你表达的内容多正确、多动听，也不见得能让对方买账，更不要说进一步交流沟通了。俄罗斯有一句谚语："语言不是蜜，却可以粘住一切东西。"在社交中，只有针对不同的人有的放矢地表达，才能创造出一种和谐、融洽的气氛，让表达更有效，让社交生活更精彩。

切换场景就是切换表达风格

与"见什么人说什么话"对应的还有一句话,叫作"到什么山唱什么歌",意思是你在什么场景之下,就要学会运用什么样的表达风格。这也是人们在长期的沟通交往实践中总结出来的经验。

不论你要说什么话,表达什么内容,重要的或不重要的,在表达时都要顾及场合,否则,再好的话题,再优美的话语,也产生不了好的效果,有时甚至还会适得其反。试想一下,如果你在跟朋友聊天谈心时,却像在会议上做报告一样拿腔拿调,或是在庄严肃穆的葬礼上,像相声演员那样,用幽默诙谐的风格来读哀悼词,那将会产生什么样的后果?

所以,在不同的场景之下,面对不同的人和事,从不同的目的出发,我们也要学会随时切换自己的表达风格,用不同的方式说话,说不同的话,这样才能收到理想的表达效果。

在主持人大赛中，有一位名叫王嘉宁的选手，凭借自己优异的表现一举成名，摘取了大赛新闻类比赛银奖。

2020年，王嘉宁加盟了中央广播电视总台《勇攀巅峰之挑战不可能》第五季的观察团，成为嘉宾。虽然她只有几年的主持经验，但她作为嘉宾的现场表现却丝毫不逊色，尤其是她出色的观察能力和表达技巧，为她圈了一波"粉儿"。在看挑战时，她状态轻松，不端着范儿，还积极通过微表情分析选手特点。比如发现董长乐嘴角上扬时，便判断"应该是对了"；发现选手咬嘴唇了，应该是紧张……正是通过这些细微的观察和轻松的点评，王嘉宁不但在节目中赢得了关注，还很好地找到话题，与其他嘉宾积极互动。

2021年，王嘉宁正式成为中央广播电视总台的一名主持人，并主持了《今日说法》，在节目中的表达风格立刻变得严肃起来，很好地贴合了法制类节目的特点。

而在2022年，王嘉宁又主持了《新春的交响》这档节目。这一次，王嘉宁的主持和表达风格不仅像一位主持人，更像是一位来自娱乐圈的明星艺人，轻松而又不失活泼。

我们经常说一个人口才好、能说会道，但在一些特定场合，太能说会道并不见得就是真正的会表达，因为无论做什么，都要讲究一个度，少一分则不满，多一分则溢。无论是主持人在主持节目的现场，还是一个人在交际中的说话，要做到真正的"会表达"，并不是一直说就可以了，还要根据具体情况掌握表达的分寸，把握好不同的表达风格。而且，同样的话题，用什么语气、以什么方式讲出来，很多时候也会起到不同的作用。

举个最简单的例子，你跟领导私下一起约着去健身，这时你们所在的场合就比较轻松，你们之间的关系更像朋友，说话沟通可以比较随意、轻松，哪怕聊一些工作上的事儿，也不需要太严肃，甚至可以适当开开小玩笑。但是，如果你们在公司开会，这样的场合就比较正式了，领导和你也是上下级关系，你再跟领导说话就不能太随意，汇报工作也要严谨认真。即使你能言善辩，也要注意自己的表达方式，不能喧宾夺主，更不能随便开玩笑。

所以说，一个擅长表达的人，也一定是个多面手，能够应付任何场合的发言，并且不会给在场的其他人造成不适。

1. 在严肃、庄重的场景中，表达风格要严肃谨慎

在日常生活中，我们可以随意地跟朋友说"我顺便来看看你"。但就算是面对同一个人，在一个严肃而又庄重的场景中，这样说话也会显得随便、不够正式，会让听话者感到不快。

敬一丹老师以主持时平和、从容的状态赢得观众的喜欢，她对自己的主持风格和节目就有着非常清醒的认识。她曾经就《焦点访谈》这个节目跟记者沟通说："我认为在我们这样一个非常大众化的栏目中，主持人跟'酷'的特征相去很远，我们更多的是需要一种严肃的态度和口吻。虽然我也能接受别人很'酷'，比如那些娱乐节目主持人，他们以年轻观众作为主要收视群体，做得很好，但我们只能抱着一种欣赏的态度去看他们，而不能向他们学习，因为

我们的栏目性质不同,面对的是不同的场合。"

正是敬一丹老师对于节目的这种责任意识,才使她在节目中做到了从容不迫。

这也提醒我们,在一些正式、严肃、认真的场合说话或表达时,就要用严肃、认真的口吻,并且事先要做好准备,考虑到其中可能发生的各种情况,而不是在现场乱说一气。甚至为了展示自己的口才,不顾场合的严谨,乱开玩笑、说段子,都是非常不合时宜的。

> 美国前总统罗纳德·威尔逊·里根是一位出色的演说家,在出任总统之前,他曾经做过演员、作家、讲师等,并凭借高超的口才和极具说服力的演说,被美国媒体誉为"最伟大的沟通者"。但是,就是这样一位水平高超的表达者,也有马失前蹄的时候。
>
> 有一次,在美国国会开始前,里根总统在现场调试大会用的麦克风。为了试一试麦克风是否好用,他竟然张口说了一句让全场炸开了锅的话:"女士们,先生们,请注意,五分钟之后,我将对苏联进行轰炸。"
>
> 这句话一出,全场瞬间一片哗然,甚至一度变得混乱不堪。为此,当时的苏联政府甚至对里根总统及美国政府提出了强烈的抗议,最后里根总统花了很大一番功夫,才平息了这场嘴巴惹的祸。

所以，在一些严肃、庄重的场景或场合中，如首脑会议、学术会议、表彰会、追悼会等场合，一定要注意自己表达的内容和口吻，不能随心所欲，信口开河，想说什么就说什么。如果违背了这个规则，不但会让他人反感，还可能产生更严重的影响。

2. 在轻松、愉悦的场景中，表达风格要轻松活泼

在一些轻松、愉悦、喜庆的场景中，或者是在一些非正式场合，我们在说话时可以适当轻松随意一些。比如几个熟悉的朋友聚会，如果过于拘谨严肃，反倒失了兴致。

当然，即使是在一些轻松、愉悦的场景中，也要注意表达的内容和语气，不要失了分寸，毕竟恰当的表达可以起到锦上添花的作用，将听众带入你期望带入的场景和氛围之中。

> 有一对新人在一家饭店举行婚礼，没想到天公不作美，下起了大雨，新人和客人都觉得很沮丧，婚礼气氛有点儿不愉快。
>
> 这时，饭店经理看到了，就走过来，高声说道："老天爷作美，赶来凑热闹，这是今年的第一场好雨。好雨兆丰年，这象征着咱们这对新人的未来一定会非常幸福。雨过天晴后，就会是个艳阳天，这说明今天在座的所有宾客都将迎来更加灿烂的明天。我提议，为了创造和迎接雨过天晴的明天，大家一起干一杯，祝福新人！"

经理的几句话,让整个现场的气氛立刻热烈活跃了起来。

这就是会说话的效果。常言道,"会说说得人笑,不会说说得人跳"。即使针对同一件事,在不同的场景中表达,或者运用不同的方式表达,也会带来完全不同的效果。这也要求我们平时在一些轻松、愉悦的场合表达时,同样要注意特定的内容和方式,尤其要增强场景意识。

在主持人大赛第五场的文艺类比赛中,选手张舒越以"小年夜《CCTV网络春晚》直播现场,即将与在高铁上的外景主持进行连线"为题,进行了90秒钟的即兴主持。她是这样表达的:

现场及正在收看网络春晚的观众朋友们大家好,这里是《CCTV网络春晚》的现场,我是舒越。

2019年,我们国家即将进入5G时代,大家知道5G的速度有多快吗?如果我们进行实时连线,延迟仅有1毫秒,几乎可以忽略不计。从"两弹一星"到"北斗""蛟龙",一代又一代科技工作者,用他们殚精竭虑、勇攀高峰的精神为我们创造了美好的生活。现在,我们即将通过5G技术与正在高铁上的我的同事进行实时连线,乘客与演播室中的歌手将进行实时欢唱。现在我们的舞台将延伸,延伸到高铁车厢,延伸到他们身边,延伸到他们的歌声里。

这段表达给大家营造了一个很好的场景，就像评委点评时说的那样：你一开口，大家就被你带入情境之中，似乎一台晚会马上就要开始了。

　　如果我们在平时的表达过程中，也能用恰当的、与场景或场合契合的方式来表达，不但能很好地烘托气氛，还能给他人留下深刻的印象。这就像我们的着装一样，在不同的场景中，我们通常都需要穿不同类型、不同风格的服装，以便让自己显得得体而又有礼，语言表达风格就像是我们无形的着装，只有在合适的场景说合适的话，才不会让自己显得失礼。

语调和语速要符合场景

很多人觉得，表达就是把自己的观点或想法传递出去，让别人听到就行，是个理性的过程。其实，相比观点的理性传递，表达更是一个感性的过程。因为你想让对方接受你的观点或想法，就要把对方带入瞬时思维。也就是说，你要为对方设置一个瞬间的场景，让对方的思维和感受跟随你的表达，进入到你所设置的场景之中。

要达到这个目的，我们在表达时，就不能仅仅是干巴巴地读内容，还要带有一定的情绪变化。而情绪变化最好的展现方式就是语调和语速，只要你的语调和语速符合当时的表达场景，你就能把观众带入其中，让对方跟你同频共振，继而对你的表达内容产生兴趣。

1. 语调

要想让表达更成功，在表达时，就要时刻注意让自己的语调更加符合当时的情境和场景，同时也要注意当时场景下所有人的情绪变化和心理状态。

比如，在一些综艺节目当中，我们经常会看到有新手嘉宾或艺人站出来大声地讲段子。虽然他们在台上讲得很卖力，但过于聒噪的声音却影响了观众去品味段子本身。这时，观众就会感到不适，觉得他们的声音太大了，太吵闹了。产生这种感觉后，后面他们再讲什么，观众都有了先入为主的感觉，不想再继续听他们讲了。

相反，表达能力强的人，不仅会时时刻刻考虑到自己说话时的抑扬顿挫，还会根据现场气氛自如地调控。比如，在气氛比较悲伤的场景中，表达声音就要低沉下来；在令人感动的场景中，声音就要悠长而又深邃……这其实与我们平时说话是一样的。你发怒时，自然就会声高；平静时，自然就会舒缓；开心时，声音就会跳跃；悲伤时，自然就会低沉。这不是演出来的，而是人的一种最真实、最自然的状态。

在主持人大赛中，主持人撒贝宁老师曾说了一段关于一位著名女主持人主持风格的话，他说："我在跟台里其他同事一起主持节目时，我会把所有人的词都看一遍。看完之后，在他们主持时，我就会认真听，听他们是不是按照这个词说的。而在看她的词时，我就会猜，她会用什么语调来说呢？但每次当她真实地在主持中表达的时候，你就会发现她永远不会原封不动地念出那个词，而是会把那些词变成你一听就知道是她自己的话,这就是她在说话。我觉得这是一个主持人成长过程中很重要的细节,就是你终于找到了自己最舒服的语言表达方式。"

如果也想像主持人一样,在表达时具备出色的语调控制能力,可以遵照下面的"六步走"进行练习。我们用一个例子来分别解释一下这六个步骤,比如,你要向领导请求加薪,那么:

第一步:用一句话概括你表达时要达到的目的,就是"让领导给自己加薪"。

第二步:概括你表达的主题,就是"让领导给自己加薪的理由是什么",比如你有出色的业绩、你的薪水在当前同行业中较低等。

第三步:未来计划,就是"以后我会怎么做"。比如未来你打算在这个职位上做出哪些突破等。

第四步:结合当前的情境。也就是你的领导是个什么样的人,他最近的情绪怎么样,他对你的表现是不是满意等。

第五步:确定你的表达结构。你打算先说什么,再说什么,最后说什么。

第六步:确定基调,找准语调,也就是找准整个谈话过程的风格。加薪是个比较严肃的话题,所以在跟领导沟通时,就不能用太随意、太轻松的语调,更不能嬉皮笑脸。在阐述自己出色的业绩、对未来的展望时,语调可以激昂一点儿;而讲到生活有困难、薪水偏低的时候,语调则要低沉一些。

运用不同的语调表达不同的内容，自然也会产生不同的效果。很多优秀的主持人都会很注重这方面的练习，哪怕是同一个语言类节目，为了展现不同的情感层次，也需要根据现场的情境调整语气、语调和语速，以追求最佳的表达效果。

2. 语速

在表达技巧中，语速是最需要注意的问题之一，因为语速对你所表达内容的干扰很大。比如有些人在主持或表达时，语速过快，就会让人跟不上节奏，从而无法有效表达。同时，这种语速还会让表达者本人的心理节奏加快，进而产生紧张情绪。

语速的快慢要符合当时当地的场景，如果判断不好，可以在表达时遵循下面的标准：

（1）语速可以稍快的场景或内容

一般来说，较快的语速可以给人一种激动、兴奋之感，它可以用在下面一些场景或内容上：

◆在客观性陈述或描述内容时，语速可以稍快一些，以增强表达的节奏感，给人以振奋的感觉。

◆在讲故事时，讲到比较紧张和关键的情节时，或者有矛盾冲突的地方时，可以用较快的语速推进，将现场的整个氛围带动起来，让故事更加生动、真实。

（2）语速需要放慢的场景或内容

放慢语速的场景或内容比较多，尤其在一些较为严肃的场合，或是要强调某部分内容时，都要放慢语速。一般来说，下面这些情境都要注意放慢表达的语速：

◆需要重点强调的内容，一般是慢速的。这是一种细节描述，是打动人心的关键，用缓慢的语速说出来，可以给人留下体会和想象的空间。

◆讲完故事后面的道理总结，要用慢速表达。

总而言之，语调的高低、语速的快慢都是相辅相成的。想要表达得更清晰，信息和情感传递得更准确，就要学会根据场景调节自己的语调和语速，该高亢时高亢，该减速时减速，这样才能让观众如同欣赏优美的音乐一样去细细品味和体会，也才会给观众留下最深刻的印象。

梳理信息，用合适的方式表达

我们在很多情境和场合下都要与人沟通交流，但面对不同的情境、不同的场合，表达的方式也应该是有所不同的。否则，不顾及实际情况，口无遮拦地发表观点和看法，就可能给听众造成误解，影响沟通的顺利进行。

  有一位医生，给一位患者看病。
  医生："你哪里不舒服？"
  患者："我的左手手背起了一个黄水疱，还有点儿痒，您看看这是怎么回事？"

医生看了看，说："你这是黄疱疮，这个病比较顽固，不好治。"

患者的脸一下子红了，生气地说："不就是起了个黄水疱吗？哪有你说得那么严重！"

说完，患者生气地出去了。

患者又来到另一个诊室，请另一位医生给看看。

医生："请问你哪里不舒服？"

患者："我的左手手背起了一个黄水疱，还有点儿痒，您看看这是怎么回事？"

医生仔细看了看，问道："你这个黄水疱起多久了？"

患者："有两周多了。医生，这是什么问题？严重吗？"

医生看着患者紧张的神态，说："别紧张，手上起个黄水疱不难治疗，只要你相信自己，相信医生，积极配合治疗，一个周期就能好起来了。但前提是你得有信心，相信医生能够治好，这样才会有效果。"

患者："好，好，医生，我相信您，谢谢医生！"

面对同一个患者、同一种病，两个医生不同的表达方式，给患者带来了完全不同的感受，结果也是完全不同的。相比于前一个医生，后一个医生显然更理解患者当时的紧张心情，因而也积极调整自己的表达技巧,既帮助患者缓解了紧张情绪,又说服了患者积极配合治疗。

这个案例也让我们看到了语言的影响力:同样一件事,会表达的人说出来就很舒服,可以将人际的寒冰融化,甚至能起到化腐朽为神奇的效果;而不会表达的人说出来就很难听,能把一星半点的火苗变成熊熊烈火。

所以说,在不同的情境和场合下,我们也要学会根据自己掌握的信息,选择合适的表达方式,有技巧地表达自己的观点。也许你会发现,这样的表达真的能收获到意想不到的效果。

1. 以对方喜欢的方式表达

每个人的沟通习惯和表达习惯都不同,不同的人也有着不同的获取信息的方式。所以,当你想要与对方沟通,或者想向对方表达自己的观点、想法时,一定要先了解对方喜欢接受信息的方式,这会让你提出的观点和意见更容易被理解、被接纳。

比如,有的人喜欢用文字的方式沟通,如通过书面报告、电子邮件或即时聊天工具等,觉得这种方式更自由、更利于思考;也有的人喜欢用面对面的方式沟通,比如在饭桌上、在会议上,或者在办公室内进行一对一讨论,觉得这种方式更直接、更有效;还有的人喜欢看而不喜欢听,不愿意通过电话、语音等方式沟通;等等。

在沟通表达前,了解清楚你的沟通对象的这些喜好,继而选择对方喜欢的方式去沟通表达,往往更容易事半功倍。

2. 善于分层次进行表达

好的表达就像盖房子，高屋建瓴，一目了然，从开始表达一直到结束，可以让倾听者对你所表达的内容结构了解得清清楚楚，既有重点，也不乏亮点，既有逻辑，又不失情感。而糟糕的表达就像一锅粥一样，重点和亮点都混沌不清，让人听得丈二和尚摸不着头脑。在现如今这样一个缺乏耐心、时间宝贵的时代，如果你在表达时完全没有逻辑、没有层次，也不注意梳理语言和各类信息，那么不知道会有多少机会从你身边溜走呢！

要想让你的表达更加清晰、明了，在表达前，最好先打个腹稿。尤其是在一些比较重要的场合表达时，更要提前做好准备，甚至需要暗地里练习一下，把自己想说的话、想传达的信息、想表达的观点都提炼出来，再根据这些重点内容组织合适的语言。

2000年，撒贝宁曾经作为《CCTV电视节目主持人大赛》的参赛选手，做了一段自我介绍。这段自我介绍是这样的：

"各位好，我是49号选手撒贝宁，来自北京大学法学院，但是我选择做一名主持人而不是律师。不过我觉得他们的差别也不大，首先，大家的工作都是说话。其次，现场的嘉宾就是我谈话的对手，但是现场嘉宾绝对不会像对方律师一样动不动站起来跟你急。最后呢，就是都有观众。不过作为律师，现场旁听的人里面可能有人会恨你；

但是做主持人吧，估计是没有什么机会招致愤恨。不仅如此，我还希望大家喜欢我。"

撒贝宁老师这段自我介绍的核心点，就是做律师与做主持人没有区别，都是用说话与人打交道。但是，撒贝宁老师用到了"首先、其次、最后"来进行分层次表达，不但逻辑清晰，层层递进，又前后呼应。短短的几句话，既表明了自己的专业，又说出了自己的梦想，表达方式非常讨喜。

3. 学会直言曲达地表达

我们知道，主持人的风格都是千差万别、各具特色的，想得到观众的喜欢，不同主持人也有着不同的表达方式，大家都各出奇招。

主持新闻和民生类节目的著名主持人朱广权老师，就是一个很"特别"的存在。按理说，新闻民生类节目的内容都比较枯燥，主持也应该是一板一眼、严肃正式的。可是，朱广权老师的主持风格却迥然不同，表达风格诙谐幽默，开篇往往先来"段子"，哪怕是非常正式的新闻，他也会用风趣的方式表达出来，因而也有了"天生段子手""万词王"的称号。

比如，在主持天气预报栏目时，他就金句频频，如

"把秋衣秋裤都穿上,是对降温最起码的尊重""秋裤及腰,胜过桂圆枸杞""劝君穿着秋裤走,寒潮来袭不会抖"……在朱广权妙语连珠的表达下,即使是无趣的天气预报,也成了大家喜闻乐见的热播节目。

在主持春晚特别节目《一年又一年》中,朱广权老师也是脱口而出了许多令人爆笑的段子,如"地球不爆炸,我们不放假;宇宙不重启,我们不休息""没有四季,只有两季,你看就是旺季,你换台就是淡季"……

朱广权老师凭借幽默风趣的主持风格,改变了新闻播报的风格,使其变得更加随和、接地气。

在表达时,直抒胸臆是好事,但有时能换一种表达方式,把自己要表达的内容或信息委婉地、有分寸地,甚至是有趣地传达给别人,不但能体现出你的表达技巧,而且效果还要比"灌输式"的方式更好。这就是一种直言曲达的表达方式。

运用这种表达方式时要注意,要让直言"曲达",一方面为了活跃气氛,增强表达效果,另一方面还为了让对方更容易接受一些原本不太愿意接受的话语,比如批评的话、敏感的话等。所以,在表达时不要为了"曲达"而曲达,不顾情境、场合的幽默、婉转,结果反而影响表达效果,令人尴尬。而要做到恰到好处,或者是点到为止,既能让对方理解你所表达的意思,又不会感到尴尬或过分,这才是火候刚刚好的表达。

4. 站在对方的角度表达

任何时候，尊重都是沟通表达的基础，也是沟通表达的前提。只有建立在尊重的基础之上，你的表达才更容易被别人接受。但是，在表达前，有些人又出于某种主客观原因，认为自己才拥有发言权，动不动就说："你应该按照我说的做！""你怎么能不尊重我的意见？"这样既缺乏与人进行平等沟通的观念，又缺乏对他人应有的尊重与理解，还缺乏应有的表达技巧和方法，导致彼此间的沟通陷入僵局。

怎样才算是尊重呢？就是根据当时的情境，站在对方的角度，从对方的视角去看待他们所经历的一切。简而言之，就是了解对方此刻的状态是什么。如果我们能从对方的角度看待他正在经历的一切，而不是不断地在自己的心中幻想"如果他不这样做就好了""如果他接受我的建议该多好"，便是对对方最大的尊重。

> 一个内向的男孩向自己心仪的女孩表白，但是他又不好意思说甜蜜动听的话，于是就想通过其他办法去表白。想来想去，他觉得在女孩生日那天送她一束红玫瑰，女孩应该就明白自己的心意了。
>
> 于是，在女孩生日时，男孩真的勇敢地送去了一束红玫瑰，女孩看到后，也立刻明白了男孩的心意，但她却并不喜欢男孩，想直接拒绝，又怕伤害了男孩的自尊心。于是，她就把玫瑰花退还给男孩，说："不好意思，我的猫

不喜欢花。"

　　实际上，女孩并没有养猫，"我的猫"其实就指代了自己，"不喜欢花"其实就代表"不喜欢你"。

　　用这种婉转回旋的拒绝方式表达了对男孩的拒绝，既尊重了男孩，维护了男孩的面子，又达到了自己拒绝的目的。

　　事实上，每个人都是一个独立的个体，各自所处的立场、所面对的情境和所追求的目标与利益等都有所不同，因而也都希望外界能按照自己的想法去变化，这也是人与人之间最大的区别。但如果每一个人都要求他人按照自己的方式和想法去行事，那么人与人之间就难以建立良好的关系，形成良好的沟通。所以应该明白，要想拥有高效的表达，就必须懂得尊重自己的表达对象，维护对方的自尊心，从对方的视角看待问题，并用同理心换位思考。能做到这一点，对方才能感受到你的言语的温度，继而感受到你的友好和人格魅力，你的表达才更容易被人接受，你也才能获得周围人越来越多的支持和喜欢。

不说自己知道的，
只说别人想知道的

著名口才大师卡耐基曾说："即使你喜欢吃香蕉、三明治，但你不能用这些东西去钓鱼，因为鱼并不喜欢吃这些。你要想钓到鱼，必须用鱼饵才行。"

每个人在表达时，都有自己想要说的内容，比如有的人喜欢篮球，有的人喜欢音乐，有的人对烹饪感兴趣，有的人对漫画着迷，等等。许多家庭主妇遇到一起，经常会谈论孩子、物价、家庭琐事等，而职场人士在一起谈论的可能就是工作情况、交际应酬。可见，不同的人喜欢谈论不同的话题。如果你对每天要为三餐奔波的人大谈理想抱负、旅游趣事，估计可能会遭人白眼；但如果你跟他谈赚钱致富的方法，他必定更有兴致。

所以，懂得表达技巧的人，即使自己有很多兴趣、特长或想要分享给别人的经验，在表达或说服过程中，也会懂得根据情境和对方的喜好，先说对方想听的话、想知道的内容，再说对方能够听得进的内容，最后再说自己想说的话。而不是一开始就用自己喜欢的方式，说自己知道的话。这样很难引起对方的兴趣，也不会让对方对你说的话感兴趣。

那么，我们怎样才能知道哪些话是别人想听的呢？

这就需要你根据实际情况或当时的情境来进行判断推测了。

1. 接触对方圈子，了解对方兴趣

想要了解别人，可以先进入对方的圈子，比如你是做销售的，就要进入相应的客户群体中，了解目标客户都有哪方面的需求，听听他们经常聊什么话题；或者了解一下目标客户都比较关注什么，如有的人比较关注股票，有的人比较关注汽车，还有的比较关注新闻，等等。只有了解到客户比较感兴趣的话题，你再跟客户沟通时，才能从他们喜欢的一些话题作为切入点，先获得他们的好感，再聊自己所推销的产品或服务，或者是自己想让对方做的事情，就会更容易被对方接受。

有一位记者，去采访一位女教师。之前听人说，这位女教师脾气很不好，采访时稍微不顺她的心，就直接给人打发了。

这位记者带着忐忑的心情来到学校,也准备去碰碰"钉子"。刚到校门口,就发现这个准备接受采访的女教师正在传达室门口跟传达室的人发脾气,记者一听,女教师的口音正是自己家乡的口音,心里暗暗高兴。

于是,他在之后的采访中,就先从他们的家乡谈起,请女教师分享自己是怎么从家乡走出来的,结果越谈越亲切,采访也非常顺利。

那些善于沟通表达的人,在人际交往中之所以能如鱼得水,往往是因为提前了解了对方感兴趣的话题,或者在与对方接触的一瞬间,就能找到对方感兴趣的话题,进而引发继续交谈下去的兴致。

2. 说到关键时刻,适当留下悬念

有一位老师举办讲座时,现场秩序有点儿混乱,学生对讲座不感兴趣。老师见状,便转身在黑板上写了一首诗:"月黑雁飞高,单于夜遁逃。欲将轻骑逐,大雪满弓刀。"

写完后,老师说道:"这是一首唐代的诗,广为流传,现在又被选入了课本,大家都觉得写得好。但是,我却认为这首诗有点儿问题……"

说到这里,教室里之前的喧闹声渐渐停息了,学生们的兴趣被吊起来了。大家都想听听，这首大家熟悉的诗到底有什么问题？

人天生就有好奇心，一旦有了疑惑，便非要探个究竟不可。为了激起对方的好奇心，我们就可以在表达到关键时刻之时适当留下一些悬念，以便激起对方继续听你表达下去的欲望。

不过，制造悬念也不是故弄玄虚，既不能频繁使用，也不能悬而不解。在适当的时候解开悬念，满足了对方的好奇心，才能让对方对你更有好感。如果你在解开悬念的时候能顺便把自己要说的话或要传达的观点也表达出来，那就更完美了。

在主持人大赛新闻类总决赛中，选手刘仲萌在5分钟展示环节是这样开场的：

> 六年的记者经历，我采访过很多人，所以当我还在想我要去哪儿、采访谁的时候，忽然想起了这张照片。这是我的一位同事拍下来发给我的，电视里正在直播的是我。他其实是想告诉我，照片里这些老人每天都会看我的节目。但我真的非常好奇，为什么他们看起来有一些无精打采？他们是谁？当我听到其中一位老人的故事之后，我决定走近他。

这段开场就设计了一个很好的悬念，从一张同事发给他的照片,发现了一些老人,然后用"他们是谁""他们在做什么"展开话题,让观众和评委也都很想知道:这些老人到底是谁?在做什么?继而也就产生了继续听下去的兴趣。

而在接下来的表达中,刘仲萌也很好地为观众解开了这个悬念:原来他们是一群阿尔茨海默病患者,但他们曾经都是参加过抗美援朝战争,甚至立过功的英雄。由此,刘仲萌提出了自己的观点,就是多多关注这些阿尔茨海默病患者,不能让这些老人失去生命力,因为"他们一定有自己想拼命留住的记忆"。

只要悬念设置得好,同时后面用恰当的方式解开悬念,你的表达就一定是别人想听、想了解的。

3. 适当引发共情,但不要太煽情

凤凰卫视曾经有一档栏目叫《冷暖人生》。在一期节目中,讲述了一位因癌症去世的30岁母亲吴广凤,在临终前给孩子写了14封信,希望孩子每年过生日时都读一封,直到儿子成年的那天。

节目请来了吴广凤的丈夫,节目前半段都在回顾吴广凤在患病期间与丈夫、孩子在一起的生活情形。吴广凤的丈夫回顾以前的生活时,说着说着便语速渐慢,情绪也越来越低落,整个节目气氛变得凝重悲伤起来。

这时,主持人陈晓楠没有任由他一直讲下去,而是把

话题岔开了。她选择了一个比较轻松且嘉宾也愿意谈，同时也是观众更乐意听的话题，她问吴广凤的丈夫："我听说你们谈恋爱的过程很浪漫，能给大家分享一下吗？"

听到这个问题，吴广凤丈夫忧郁的眼神里顿时闪出一丝光亮，开始讲了起来，语速也慢慢加快了，整个节目的节奏也回归了正常。

对于嘉宾来说，妻子去世之前的生活肯定历历在目，尤其是妻子患病期间的痛苦，更是让他悲伤、压抑，希望能够有个倾诉的渠道。但对于观众来说，故事虽然令他们感动，他们也能够与嘉宾共情，可如果把故事讲得太悲情，也可能会适得其反，让人觉得太煽情，他们还是更希望从悲剧中看到光明，看到更加积极、美好的一面，而不是一直让自己沉浸在悲伤的气氛之中。所以如果没有主持人的适时引导，节目到最后可能就会走到冷场的边缘。

主持人做节目要考虑到很多人，既要投节目当事人所好，更要投观众所好。我们平常人在生活和工作中，想要完成一件事或达成一个目标，同样要投很多人所好。而在投其所好的过程中，很关键的一点就是要多说对方想听的话，少说自己知道或只有自己感兴趣的话。当你获得对方的足够信任之后，再一点点地把自己的观点或想法渗入其中，才更容易让对方接受。

话题构建

如何设计合理的表达目标

第 3 章

> 主持人要提炼观点，或者说是引导观点。
> ——康辉

信息预判是
构建话题的第一步

在日常生活和工作中，我们可能会遇到这样的情况：在公司会议上，老板在你汇报完工作后，突然问你对于其他项目的看法和观点。如果你支支吾吾，完全不知道该怎么回答，就可能会影响你在职场上的发展。当然，也可能你是有想法的，但一时之间又不知道该如何作答。

遇到这些问题时，就要有意识地培养自己的信息预判能力，也就是根据当前信息，或者与我们沟通的人表述出来的信息，或者是对方接下来即将表述的内容，预测我们即将面临的状况、可能要进行的表达等，并且有意识地组织材料，形成自己要表达的话题，在任何场景下都能进行即兴表达。

在主持人大赛的第一赛段,选手要先进行3分钟的自我展示,接着再进行90秒的即兴考核。在即兴考核环节,有的选手抽取的题目就是根据屏幕上给到的素材进行即兴表达,这些素材有的是直接给出主题,有的则是一幅图和一段文字,选手需要根据图片中的画面和文字来设计主题,展开表达。在这种情况下,选手就要对其中的信息进行认真预判,从中找出最适合构建话题和展开表述的内容。

比如,选手果欣禹在90秒的即兴表达时,所选题目的图片和内容是:

> 列车员刘钟的单位在广东,老家在湖南衡阳,儿子丁丁在衡阳由老人照顾,母子难得相聚。2018年2月4日,乌鲁木齐开往深圳的Z229次列车停靠衡阳站,刘钟与儿子丁丁在站台短暂相聚4分钟。紧紧相拥后,刘钟含泪告别。不过让她特别开心的是,今年(2019年)她可以回家过除夕了,这是11年来的第一次。

根据这篇素材,果欣禹是这样表达的:

> 我相信,每个人在人生当中都面临着不同的选择。很简单,我们从早晨吃饭的时候就开始选择我们想吃什么,

再到后来的上大学、就业，我们都在面临着选择。那么，选择最后的结果到底正确与否呢？我觉得，坚守住我们最终的选择，它就是你的正确道路。

刘钟选择了当列车员，无论在这个职业当中面临着多少的困难、多少的艰辛，她都坚守住了她的职责，都坚守住了她的责任。在这个社会中，有很多人都在做着这样的事情，王继才、王仕花夫妇二人独守了开山岛32年。32年，他在人生当中会错过什么样的事情？孩子的成长、升学、结婚到后来的生子，他们都错过了。但是，他们说了一句话就是：岛就是家，家就是国。所以，他们在这个职业上坚守住了自己的责任，就跟刘钟是一样的。

所以，这些人真的是用他们的实际行动在告诉我们：我们要用双脚去丈量新时代，用责任去传递正能量。

在这段表达中，果欣禹根据图片和文字信息，很快就预判出这段信息所展示的重点，从而提炼出了一个关键性词语：坚守。并且以这个关键词为话题，迅速组织材料和自己的语言，继而围绕这个主题展开阐述，与观众分享自己的观点。

实际上，善于对信息进行预判和整理，是主持人的基本功之一，也是主持人构建话题的第一步。我们在一些场合进行表达时，可能不需要像主持人那样正式，但要预判别人要表达的内容，或者别人想听到的内容，就要对现有信息进行深度挖掘、推断，进而提出自己的观点,这对于成功的表达和沟通大有帮助。

一般来说,要通过信息预判来构建话题、实现有效表达有三种方法,掌握了其中的任何一种,都将为你的表达助力。

1. 获取有效信息,进行自我提问

当你看到一篇资料或者听到对方说第一句话的时候,就要马上进入到获取信息的状态,同时开启自我提问模式。

比如,在上面的案例中,选手果欣禹看到素材后,应该就会在心里向自己提出类似这样的问题:刘钟,以及像刘钟一样的人们,他们的选择到底对不对?最后的结果是否正确?他们的人生中会错过些什么?对于他们来说,人生中最重要的是什么?……这些问题,恰恰也是听众想要获得解答的问题。因此,她便围绕这几个问题组织资料,展开论述,最后构建起自己的目标主题:"坚守住我们最终的选择,就是你的正确道路。"因为这是一份责任,所以"我们要用双脚去丈量新时代,用责任去传递正能量",再一次深化了主题。

在日常沟通表达时也是如此,当你听到别人说话的时候,你的大脑就要同步做出思考和分析了。而自我提问就是让我们将被动的状态调整为主动状态,主动去理解和提炼对方表达出来的内容,主动把自己带入对方的内容通道之中去,继而表述出对方希望从你这里获取的信息。

2. 倾听对方表达，抓取有效信息

如果是与别人沟通，那么在对方表达时，我们就要认真倾听，抓取其中的有效信息。在倾听时，首先要听清对方表达的意思，并且把对方所表达内容中的核心信息记录下来。接着，还要基于对方表达的这些内容合理联想，推测对方下一步要表述的内容是什么。

很多优秀的主持人在采访时，事先都会准备很多问题，但到了实际采访阶段，仍然会认真倾听采访对象的表述，并从中提炼出新的话题。

中央广播电视总台新闻主持人王宁在主持《吾家吾国》节目中，有一次采访到当代知名语言学家陆俭明。陆俭明和夫人马真在北京大学读书时，就与语言班的同学共同编写了《汉语成语小词典》，这也是新中国成立以后的第一本成语小词典。后来多次修订，现在仍然在语文课堂中使用。

王宁在采访中向陆老提问说："这个已经是第五版、第六版了，为什么您还能从中发现问题？"

陆老在回答时，王宁也是非常认真地倾听，当听到陆老谈到"旧的事物淘汰了，反映旧事物的这些词慢慢不用了，可是出现了很多新生事物，出现了很多新词，这个是最明显的变化"时，王宁便抓住这个信息点，顺势又问道："您突然间意识到发展变化，有没有一个瞬间或者一件事,让您觉得新事物可能会带来语言学新的发展?"对方马上又兴奋地表达了一番。

这就是一个优秀主持人所具备的能力。同时也在提醒我们,在日常交流和表达时,如果想达到自己的目的,也必须认真倾听对方的讲述,抓取其中的有效信息,为自己构建话题做好准备。

3. 加工信息,实现有效表达

有些时候,我们可能需要从大量的信息和内容中提炼出关键性信息,找出自己表达所需要的内容,这就需要我们先把这些信息和内容理顺,然后进行组合加工和斟酌判断,从中提取出对自己表达有用的信息。再对这些信息进行综合处理,构建出话题,为自己的表达服务。

在主持人大赛第二阶段第二场中,评委王宁老师在点评选手田靖华的一段即兴表达时,说过这样一句话:"我们去评价一段新闻内容时,最重要的是找到它的深度和温度,而深度就是怎么样有理有据。"实际上,这就是要求选手在表达时能够学会提炼和加工信息,把最重要的信息有效地表达出来。

可以说,这是信息预判当中比较难达到的级别,因为这不但需要我们具备出色的业务知识和快速的思维能力,还需要我们对关键信息具有高度的敏感性。尤其对一些专业性较强的信息,可能理解其表面的意思都比较困难,如果再要我们"吃透"或"深挖"这些信息，并针对这些信息做出预判，如：这些信息是基于什么原因产生的？它们的核心内容是什么？它们会给人们带来怎样的影响或启示……就会更加困难。

在这种情况下，我们就要通过查阅各种资料来全方位地理解、核实和筛选信息，最终提炼出自己需要的内容。这样长期坚持下来，就可以不断提高对各类信息的处理能力，即使在与人面对面沟通时，也可以快速预判出对方话语的含义，从而运用最佳的应对话题进行表达，与对方实现有效沟通。

总之，那些会沟通、善于表达的人，往往都会在表达时建立起一种信息优势，让听众不但爱听，还会产生一种如饥似渴的感觉。要达到这种效果，我们肯定要对自己所表达的话题十分熟悉才行。所以，在表达时，我们不但要选好话题，还要对话题信息具有预测性的前瞻思维，这样才能针对不同听众设计出不同的表达话题。

话题明确，表达才有感染力

举个简单的例子，假如在年终总结会上，你要对一年的成绩做一个总结，这时你说了这样一段话："我上半年做了几场市场活动，有一万多人参与；年中时组织了一次裂变活动，覆盖人数也达到了一万人以上；10月份又举办了一次'庆祝国庆'的活动，我们的小程序涨了两万多人。昨天我把这些活动都做了总结复盘，发给了其他同事，大家一起探讨。"

你觉得此刻领导听到你的年终总结会有什么感受？可能是一脸不解，也可能会反问你一句："你可以更具体地概括一下，你都做了些什么吗？"这就是因为你的话题太琐碎了，不够明确，领导也不知道你具体都做了什么。

但是，如果你这样表达："上半年，我的工作重心一直围绕'用户量增长'展开，这也是我们公司今年的发展重点。围绕这个主题，我一共做了三次活动，带来了四万多新用户，并且我已经把从这些活动中总结出的经验和方法，发给了运营部门的同事，大家一起探讨。"

对比一下之前的表达，很显然，第二次表达的话题更加明确，也更容易让人听懂。话题明确，就相当于给听众画出了重点，大家一听，马上就能抓住你所表达的重点内容。如果是在职场上汇报工作，不但能对繁杂的工作进行系统总结，还能让领导和同事看到你严谨的逻辑思维能力和出色的语言表达能力，从而让你脱颖而出，不至于出现"做了90分，只说出60分"的情况。

主持人在即兴表达时，最基本的要求之一就是话题明确，针对性强，不应该无的放矢，一般都是"有感而发"，说话的内容要限制在一定范围之内，显示出鲜明的针对性。否则，听众就无法很快领会到主持人表达的重点，对主持人主持的节目也无法产生兴趣。

怎样才能让自己的话题更加明确，表达更加清晰呢？以下三点是我们解决这一问题的关键。

1. 挖掘表达内容的核心和观点

不管在何种需要表达的场合，表达之前，都要先问问自己：我要表达的核心和重点是什么？我怎样来验证这个观点？如果是别人来表达，他会怎么说？我怎样才能把问题的核心点表达得更清晰明确，让人一下子就听懂，或者一下子就抓住对方的注意力？如何才能把这个问题的重点表达得有血有肉，让人印象深刻？

对于这些问题，你挖掘得越透彻，就越容易找到要表达内容的核心和观点，抓住所要表达问题的本质，在表达时也会更清晰、更有力度。

比如，倪萍老师曾经主持过话题类节目《聊天》。节目名字虽然叫《聊天》，但却不能完全天南海北地闲聊，必须抓住聊天内容的核心和观点，时刻把控好整个节目的进展程度，否则节目就可能会失控。

任何表达都是如此，表达内容不只是一种陈述，必须有明确的话题，有属于自己的态度和立场。在必要的情况下，甚至需要对一些核心信息和内容进行重复强化，让听众重视并记住。

这里要注意一点，通常人们在接收信息时，一次会记住5~9个点，如果表达或传递的信息超过这个范围，别人就很难记住，甚至会忘记之前记住的内容。从这个角度来说，要表达的内容也不能太分散，必须明确、集中。

2. 表达话题时要有目的性

主持人在主持节目的过程中，必须有目的地阐述节目要表达的话题，同时将那些无关的话语省略掉，传达给听众准确的信息。

> 撒贝宁曾主持过一档节目，叫《撒贝宁时间：证据在说话——无处遁形》。节目一开始，撒贝宁就直接进入话题，说道："有人说啊，悲剧就是将生命当中那些有价

值的东西，毁灭给别人看。但实际上，当你在毁灭别人的时候，你也是在毁灭自己。"

这个表达就是开篇明义，没有多说一句话。接下来，撒贝宁老师又条分缕析地告诉观众，这是一桩谋杀案，将观众由对毁灭他人和毁灭自己的思考，带入案件里面，让大家了解这到底是一桩什么样的案件。观众带着这样的疑问，也很容易跟随节目进入案件当中。

在整个节目中，撒贝宁老师所有穿插的话都是围绕着"案件的行凶者是谁"展开，将案件一步步推进。每一次穿插的讲解也恰到好处，在案件的每个停滞点上都能说出自己的判断和见解，比如其中有这样一段，就是案件开始时撒贝宁老师对报案人的怀疑所做的推断：

深夜，独自在家的被害人被杀害，那天晚上究竟发生了什么，被害人已经没办法告诉我们了。现在唯一能够开口说话的，就是遗留在现场的蛛丝马迹……

随后，撒贝宁老师又将案发现场详细地向观众做了介绍。在介绍过程中，撒贝宁老师始终围绕这档节目的主题"证据在说话"而进行，每次穿插的解说也都是源于节目中已有的证据，通过这些证据去推理，给观众一种很强的说服力，以带有强烈目的性的语言来引导观众深入地去理解这个节目的主题，了解观众关心的话题是什么，大家再一起探讨。这样的表达就很接近观众的需求，既满足了观众的好奇心，又让观众跟随主持人的思路去一步步寻找案件的真相。

同样，我们在日常表达和沟通时，也要带有清晰的目的性，无论说什么都要紧扣主题，不能说着说着就离题万里了。只有目的明确，表达才会更有效果。

> 2019年，在百度AI开发者大会上，李彦宏正在台上介绍百度无人汽车的研究进展，忽然一个男子冲上来，把一瓶水浇在了李彦宏头上。
>
> 面对突如其来的状况，李彦宏迅速调整状态，继续说道："大家看到了，在AI前进的道路上，会有各种各样意想不到的事情发生，但我们前进的决心不会变。我坚信，AI会改变每个人的生活。"
>
> 现场立刻响起了热烈的掌声。

在赞赏李彦宏出色的控场能力的同时，也要看到，不管发生任何状况，都要把话题拉回自己要表达的主题上。这样具有目的性的表达，必定令人难忘。

3. 表达话题要简明扼要，通俗易懂

不论要表达的话题是什么，表达最忌讳的就是拖拖拉拉、词不达意，明明几分钟就能说完的事情，非要说上十几分钟，这样的表达只会让人厌烦。所以在任何情况下，表达话题时都要注意简明扼

要,通俗易懂。

在主持人大赛第二阶段第二场中,评委朱广权老师为选手出了一道题目,要求选手白影根据提供的两条信息进行一段《共同关注》的即兴主持,这两条信息是:一、在武汉韩家墩小学,校长陪学生一起吃午餐已经成了延续多年的惯例,学生用餐的问题都会出现在校长陪吃午餐之后的校长手记上;二、71岁的老人李丙味十年来风雨无阻,每天护送孩子们上下学过马路,没发生过一起交通事故,被孩子们亲切地称为"温暖爷爷"。

根据这两条信息,白影是这样表达的:

大家好,这里是正在为您直播的《共同关注》。

《共同关注》,关注您的衣食住行。今天您吃得好吗?今天您的孩子吃得好吗?这并不是我自己问的,而是一位校长在自己的手记里面提到的问题。我们来看看这位校长还提了哪些问题:今天孩子们吃了什么,荤素搭配是否合理?吃得健康吗?安全吗?开心吗?校长为什么要提这样的问题啊?之前我们在报道中提过,现在校园的饮食出现了一些问题,所以相关部门有了这样的规定,校长和孩子们一块儿吃午餐,发现问题、记录问题、解决问题。

说完小朋友的吃,家长们还特别关心什么?小朋友的行,上下学路上是否安全呀?71岁的李老十年来风雨无阻,每天护送孩子上下学,他说,孩子们能安全上下学就是他最大的心愿。

吃饭、过马路，是每天我们都要遇到的问题，都是小事情，而且现在我们的日常生活中有了很多科技手段为我们保驾护航，城市大脑、大数据、摄像头、透明厨房，等等，一系列的手段。但是不要忘了，还有很多问题是机器发现不了的，比如说孩子们的饮食习惯还好吗？校长用肉眼去发现：孩子们今天吃得开心吗？为什么开心，为什么不开心？图片当中校长通过沟通、交流，用心去感受。如何教会孩子无私奉献、乐于助人？我想，李老的言传身教就是最有效的一种教育方式。

吃午餐也好，过马路也好，都是小事情，但是体现的是一个民族，我们对于下一代的关怀，一种人性化的关怀，一种人文关怀。无比地关心下一代的民族，才是一个有希望的民族，我们的社会才能够可持续地发展，人民对美好生活的向往就是我们的奋斗目标。我们可以不仰望星空，但没有人可以躲避日常，日常就是衣食住行。贴心的校长、贴心的李老为我们提供的就是触手可及的美好。

有人问，这个世界还会更好吗？我想，不如先问问，我们的孩子吃得好吗？安全吗？开心吗？少年强则国强。

白影的表达结束后，朱广权老师给予了很高的评价，认为这段表达娓娓道来，体现出了社会问题中一个非常大的关注面。同时，朱广权老师还表示，新闻语言表达最好的方式之一，就是"显而不浅"。而"显"，就是通俗易懂，但又不显得浅陋，同时能让人印象深刻。

在日常表达中，同样要注意这一点，不要把简单的问题复杂化，让人听得云里雾里，不知所云，而要学会把复杂的问题简单化，让人能够听清、听懂。

> 在印度影片《三傻大闹宝莱坞》中，有这样一幕：两个同学要回答老师提出的一个专业问题，就是解释一下工学上的"机械装置"。
>
> 第一个同学的解释艰深晦涩，比如："机械装置是事物构建的组合，各部分有确定的相对运动，借此，能量和动量相互转换……"大家听完都是一脸蒙。
>
> 而第二个同学的解释就非常简洁、直接，而且很生动，他说："能省力的东西就是机械装置。比如今天很热，按下开关，得到阵阵凉风，风扇，就是个机械装置……"这样的解释，大家就都能听懂。

所以，在表达自己的话题时，一定要注意化繁为简，直截了当，尽量剔除掉一切与话题无关的信息。这样不但能减少在表达内容时的错误，使听众能清楚地了解你所表达内容的重点，同时也能迅速抓取自己需要的信息。

根据不同场合选择
适当的话题

我们每天都不可避免地与各种人打交道，沟通观点，表达意见。对有些人来说，工作、交友、聚会、面试等都能灵活应对，游刃有余；但对另一些人来说，情况可能就完全不同了，因为他们经常找不到合适的话题与别人沟通，不知道该说什么，或者怎么说才合适。即使是在一些很重要的场合，也不知道该怎么选择话题。

这种情况并不少见，其实，在表达中有一个重要的理念，就是：不要说对的，要说有效的。因为对的东西太多了，比如你跟客户聊公司的发展时，公司什么时候成立，做了哪些事情，取得了什么样的成果，承担了哪些社会责任……这些都是对的。但是，在某些具体场合，与对方聊这些话题，可能就不是最有效的，也不是对方真正想了解的,这时表达得多好都没用。只有结合不同场合、不同听众的需求来选择合适的话题和内容,你的表达才有意义。

一般来说,我们的表达主要出现在下面几个场合当中。在选择话题时,可以根据这些场合来进行选择。

1. 在陌生场合,寻找对方的兴趣点

在一些陌生场合,如果想快速融入其中,或者与陌生人实现顺畅的交流,就要找到一个合适的话题。而最合适的话题,就是找到对方的兴趣点。比如,对方以自己的销售能力为荣,就可以请对方聊聊他的销售经验;如果对方是个爱车一族,也可以请对方跟你分享一下关于车的知识。这些都能成为沟通的话题。

美国女记者芭芭拉·华特(Barbara Walters)在第一次见到美国航空业界巨头亚里士多德·欧纳西斯时,见他正在跟几位同行热烈地讨论着航空货运价格、航线以及新的空运梦想等问题,当时她没法插上话。

但是,在与欧纳西斯共进午餐时,芭芭拉突然灵机一动,趁大家谈论业务的短暂间歇时间,向欧纳西斯提问道:"欧纳西斯先生,您在海运和空运方面都取得了伟大的成就,这是令人震惊的。那么,您是怎么开始的呢?当初您的职业是什么?"

这个话题一下子就拨动了欧纳西斯的心弦,他立即与

芭芭拉侃侃而谈，饱含感情地回顾了自己此前的奋斗史。

在对方向你表达时，注意不要突然插话，打断对方讲话。如果有想要表达的观点或不同意见，也一定要等对方讲完后再表达，否则容易引起对方的反感。当然，这也不是说我们就要委屈自己，顺从对方的意愿，而是要了解并接受双方的差异，这样才能找到合适的交流话题。

2. 在工作场合，话题紧贴工作核心

工作场合大多是为公事交流，所以表达尽量不要离开业务性质的话题。在大部分情况下，我们在工作场合的表达与沟通都是为了阐述观点，推进工作。无论是开会还是谈判，本质上都是要说服别人接受自己的观点，而说服就要有理有据，并且不能偏离主题。

在交流工作、表达观点时，可以与对方开门见山地表达。比如在跟老板汇报工作时，如果时间比较紧张，就要尽快让老板了解你所表达的核心内容，如："老板，我觉得自己还是更适合留在技术岗位，而不是去做销售。"接下来，可以列举几点进行说明，这里有一个表达公式，就是"答案—背景—矛盾"。其中，"答案"就是向老板提出的观点或想法；"背景"就是提出观点或想法的原因，如"销售需要与客户打交道，甚至建立密切的联系"；而"矛盾"就是自身与工作不能契合的地方，如"我不擅长与人打交道，这方面的经验也很欠缺"等。这样的表达，可以让对方快速掌握你表达

内容的重点，话题也非常明确。

3. 在社交场合，审时度势找话题

在一些必要的社交场合，比如跟不同部门的同事一起参加活动，或者跟不熟的朋友一起聚会，或者是应客户邀请参加某些活动等，想要与别人沟通，或者表达自己的某些观点等，通常需要先了解对方的身份，通过身份标签化审时度势地寻找话题。

比如，可以借助对方的服饰、籍贯、姓名等，即兴引起话题；也可以就地取材，利用天气、环境、场景、心情等，与对方展开沟通，往往都能取得不错的效果。

在主持人大赛第一阶段第一场中，选手付琰就利用自己的名字，展开了一段自我展示的表达。其中有一段他是这样说的：

> 对于中国家庭来说，名字寄托了父母对孩子们的期望，从这个角度来看，名字就是我们最初背负的梦想。
>
> 拿我的名字来举例吧，先来看"付"，"傅说举于版筑之间"，这出自孟子的《生于忧患，死于安乐》。傅说是商朝的一位宰相，也是我的祖先，而我就出生在河南安阳殷墟的旁边。什么是"琰"呢？现如今，我工作在浙江广电，家也搬到了杭州良渚的田间，良渚出什么？玉琮美玉就是"琰"。不信？您查查《新华字典》。
>
> 俗话说，人如其名，我的父母期望我君子如玉。名字

> 不仅承载个人梦想，也记录时代梦想。接着我们一起来回顾一下父辈们那些耳熟能详的名字，建国、建设、建业、建军等，时间来到七十年代末八十年代初，你有没有一个叫改革的叔叔、叫开放的舅舅、叫小康的同学呢？这些名字记录了改革开放，也记录了那代中国人对于提高物质生活水平、奔小康的愿望。而如今，孩子们的名字……

这段表达很容易就让人记住了"付琰"这个名字，同时也对这个人产生了兴趣，比如大家会想：他的出生地安阳殷墟有什么特别的地方？良渚真的出美玉吗？他真的"人如其名"吗……

当别人对你的表达产生兴趣时，说明你的表达已经成功了一大半。主持人撒贝宁老师就认为，这是"从一个最小的东西入手，最后放大到我们所有人共同拥有的情感"。而社交中的表达话题，其实就可以从一些很小的点入手，继而展开表达，跟对方建立良好沟通。

4. 在闲聊场合，生活就是最好的话题

在一些闲聊的场合，可以选择一些生活中大家都比较关注的事件作为话题，主要让话题对准大家都感兴趣的方向，比如天气变化、兴趣爱好、新闻时事、旅游见闻等。这类话题是大家想谈、爱谈又能谈的，基本人人都能搭上话，自然就不会轻易冷场。

当然，在交谈期间也要注意，不要因为某个话题是自己感兴趣

的，就一直说个没完，不顾及别人的感受。即使要表达自己的想法，也要多关注别人的需求和想法，给别人一些表达的机会。如果是自己不熟悉的话题，就要洗耳恭听，虚心请教，不要一知半解，不懂装懂，这样往往会给人留下华而不实的印象。

总而言之，表达一定要顾及场合，话题也要同场合协调，否则，再有趣的话题，再优美动听的语言，也难以产生良好的效果。而且换了场合、换了听众，你所谈论的话题也要随之改变。在现实中，很多场合都不是我们能完全掌控的，所以更要根据特定的场合斟酌自己的话题。

选话题，
要选自己熟悉的内容

在表达时，虽然需要根据听众的需求和喜好来选择话题，但通常情况下，大家还是更愿意说自己感兴趣或比较了解的话题，比如自己的工作、生活、兴趣爱好等。在与陌生人交流时，如果能找到共同话题，话匣子也能很快打开。

所以，在选择表达的话题时，既要考虑听众的"口味"，也要让话题与自己的工作和生活相关。而且最基本的一点，是要对自己表达的话题具有热情和丰富的体验，这样表达起来才会更真实、更有感染力。

在 TED 演讲中，有一位名叫舍温·努兰的神经外科医生，与听众分享了著名的电休克疗法的发展史。在医学上，电休克治疗法也叫电痉挛治疗，主要用于治疗一些严重的精神疾病患者，其方法是以一定量的电流通过患者大脑，引起患者意识丧失或痉挛发作，从而达到治疗的目的。在讲述过程中，舍温·努兰一直面带笑容，语言热情而幽默。

但是，在讲到一半后，舍温·努兰突然停了下来，问台下的听众："你们知道我为什么要跟你们分享这个故事吗？"

听众都摇摇头，但显然被他的这个问题吸引住了。于是，舍温·努兰缓缓地说："那是因为……大约30年前，我曾经接受过两个疗程的电休克治疗，从而重获生命……"

然后，舍温·努兰便讲述了自己曾经患上抑郁症的那段不为人知的历史，当时他病得非常严重，以至于医生打算切除他的部分大脑。最后万不得已，他们尝试使用了电休克治疗法。经过20多次漫长的治疗后，舍温·努兰被治愈了。

通过与听众分享自己的经历，舍温·努兰的这段表达产生了非凡的力量。这样的表达既自然、不造作，又非常感人，很容易把听众带入自己的故事和情感当中。只有先打开自己的心扉，才能打开听众的心扉，让听众更"爱听"，并产生共情，感受你的喜怒哀乐，与你形成有效联动。

所以，无论想表达什么样的话题，从自己身上或自己熟悉的话题入手，通过自己的经历和思考巧妙地表达出自己的观点，往往可以营造出极佳的表达效果。

不过，在选择自己熟悉的内容作为话题来表达时，也要注意以下三点：

1. 话题要能够引起听众的兴趣

有的人在表达时，确实喜欢用自己熟悉的内容做话题，但只关注自己的喜好，而不考虑听众喜不喜欢。这样的结果，可能就是自己滔滔不绝地说了半天，把自己感动得一塌糊涂，听众却无动于衷。显然，这样的表达就是无效的。

> 有一位业务主管到一家知名的公司谈合作，按照要求，在会谈前，他需要先向客户介绍一下自己公司的发展情况。一段简单的寒暄后，这位业务主管打开PPT，开始了常规的公司介绍：
>
> "我在公司已经工作五年了，在这五年中见证了公司的快速成长与发展，对公司各方面非常了解。我们公司成立于美国，在中国有两家分公司，目前专注于技术培训。

公司总部已经在纽约纳斯达克上市,并且于去年成功收购了一系列技术培训公司……接下来,我再介绍一下我们的一家英国公司的情况,这个公司我也很熟悉……"

这时,客户忽然不客气地打断他,说:"你介绍这些公司情况、收购企业一类的,跟我们的业务有什么关系呢?"

那一刻,气氛一下子变得尴尬起来。

很显然,这位业务主管虽然对自己公司的发展状况如数家珍,但他的介绍却没有顾及客户的兴趣和客户想听到的内容。如果继续这样表达下去,合作可能都难以谈成。

所以,就算是选择用自己熟悉的内容作为话题来表达,也不能完全自说自话,而要考虑到话题能不能引起听众的兴趣,与听众产生共鸣。如果开始了一个话题,发现对方并不感兴趣,甚至有了厌烦情绪,一定要及时打住,设法切换新的话题,这样气氛才能重新营造起来。

2. 平衡好你想说和听众爱听之间的比例

很多人在日常表达时,都容易陷入这样的误区当中,很容易自说自话,陷入一种"自嗨"的状态中,而不顾及听众的感受。这样的表达起不到沟通交流、传递信息和观点的作用。

每个人在听别人说话时,其实都是渴望惊喜的,就像拆生日礼物时一样,有时自己可能也不知道喜欢什么,但打开礼物后可能就会发现：哇，这个礼物我喜欢！表达就像是在给听众送礼物，可以以自己为话题，或者选择自己熟悉的内容，向听众展示自己的观点和想法，但同时也要考虑自己的话题是不是听众期待的"礼物"，是不是他们想听、爱听的，最起码是能听懂、能理解的。只有在这个基础之上，才能通过互动调动听众的兴趣，让听众参与到自己的话题当中，领会并接受你的想法和观点。

3. 观点和见解不必面面俱到，但要独特

在对自己熟悉的话题表达观点和见解时，并不是越全面、越完美就越吸引人，因为听众对某个话题也有自己的评判和想法。在这种情况下，想要让表达更有效，就不要过度追求观点和见解的全面、完美，但是一定要具有独特性，最好能让人产生耳目一新的感觉。

在主持人大赛第一阶段第一场中，文艺类选手龚凡在3分钟自我展示环节有这样一部分内容：

> ……
>
> 很多人都说，机器更善于运算，而人更善于情感的表达，今天我们不妨就用人所熟悉的诗词歌赋来共同看一看机器如何进行情感表达。我首先做了这样的一个尝试，将《全宋词》进行录入，用机器做了一个数据分析统计之后，在这里为大家展现的是词频最高的十个词。

看到这些词的时候，您头脑中有没有浮现一些熟悉的词句呢？像"等闲识得东风面，万紫千红总是春""金风玉露一相逢，便胜却人间无数"，等等。这是不是意味着，不管是人还是机器，只要我们多用这些高频词，就能更好地模仿古人作诗的风格呢？作为严谨的"码农"，这个逻辑显然是不够的。

过去一周，我埋头苦干写代码，于是写了下边的一个小程序。这个程序能模仿人来作诗，其实逻辑并不难，我们想象一下，情绪是通过用词及语序逻辑进行展现的，我将大量的诗词歌赋进行录入，之后用计算机进行了词义、语义分析，这样一个过程在计算机领域我们叫它"机器学习"。与我们人的学习有几分相似，模仿然后创作，在诗词领域，我们将这样的现象叫作"熟读唐诗三百首，不会作诗也会吟"。

接下来的时间，我们不妨用一个小例子感受一下它的作诗能力，我们就让它夸赞一下今天的主持人撒贝宁老师吧，怎么样？大家喜欢吗？来，请我们大屏老师帮忙输入"撒贝宁"三个字，我们看一下这个程序会给大家呈现怎样的一首诗，我们共同期待。

已经出来了，"雅调清圆有捷才，逢君笑口便常开。玉容风骨些许矮，且帅还添半点呆"。撒老师，不是我写的，这是咱们的程序写的。

表达结束后，评委对龚凡的表达颇为赞赏，认为龚凡选择的话题让人耳目一新，很吸引人。康辉老师也认为，龚凡的表达让他"眼前一亮"，并且成功地与听众进行了沟通碰撞，带动了比赛现场的气氛。

其实对于计算机类的话题，很多人都会在表达时使用，但龚凡并没有人云亦云，去刻意地模仿别人，或者迎合奉承某个人的创新，而是自己独创了一个小程序，用这个小程序来展示自己所要表达的"新科技机智过人"的观点，并且还现场演示了一番，确实很吸引人。

选择话题同样要有自己的风格，最好是具有属于自己的独特的观点和见解，这样的表达往往更能够给听众带来惊喜，也更容易让人印象深刻。

找准切入点，让目标话题自然呈现

表达是要向听众传达某种观点或阐述某种道理，如果只是平铺直叙、枯燥乏味地陈述，或者老生常谈、人云亦云地说教，那不管你的观点多么正确，都无法深入到听众的内心世界。但是，如果我们能先说一些与主要话题相关的题外话，或者为话题做一些期待的铺垫，然后再找到一个最佳角度切入话题，其结果可能就会完全不一样，不但能为你的表达营造一种自然的气氛，还能调动听众心理，使对方更容易接纳你所表达的观点，也可以使你所表达的内容更加鲜明集中。

在主持人大赛第一阶段第一场中，第一位出场的选手姚轶滨在3分钟自我介绍环节，就通过两个故事切到自己的个人介绍，让评委和观众记住了他的名字和他的经历。他是这样表达的：

今天我们要来说的第一个人物，是一位职业生涯当中有过许多高光时刻的外科医生，可是对他来说，这一切的起点其实是在40年前留下的一个遗憾。那时他刚刚参加工作，有一天，一个三四岁的小女孩儿因为气管异物被紧急送进了医院，经过抢救，最终还是离开了这个世界。在抢救室里，小女孩的爷爷含着眼泪对一家人说，隔壁还有手术，谁也不许哭出声来。然后，一家人就围在一起静静地流泪。医生说，40年里从来没能忘掉那样一种安静，时刻都在提醒他，他肩上不仅是一个个病人的健康与生命，更是一个个家庭的幸福。

我们要说的第二位人物，是一位广播新闻节目主持人。2013年，四川芦山发生了7.0级强烈地震，他和同事们都投入到了救灾的报道当中。有一天，前方传来消息，说一处废墟里可能有人，大家的心都开始慢慢提了起来，所有人都在期盼，期盼几天以来能有一条振奋人心的好消息，能有生命的奇迹出现。但是，在直播前消息来了，废墟当中已经没有了生命踪迹。那几天，这样的希望、失望不断地反复，他就开始怀疑，自己的努力有没有帮助到哪怕只是一个人。他拿起电话打给了那位医生，医生给他讲了那个一家人静静流泪的故事，他说，一个医生有时治愈、常常帮助，但更多是对病人的一种陪伴。你的工作就是用声音去陪伴，只要你的声音在，只要声音当中仍然有一份力量在，那就会一直有一份希望在。

　　这张照片里右边的这位就是这个医生，吉林省长春市的一名耳鼻喉科的医生，他叫姚平；他身边的就是这个新闻主播，他的儿子姚轶滨。父亲用了40年的时间，用手术刀让这个世界多了很多幸福的家庭；而新闻是我与这个世界互动的方式，我也愿意用我的40年，用新闻报道去传递这个时代的力量。

　　这是一段3分钟的自我介绍，用评委的话来说，他用一种平行蒙太奇的手法，把故事中两个人——父亲和"我"的命运线统一在一个完整的故事当中，并且把两个人在职业中相通的地方连接起来，最终切到"我"，把"我"展现在大家面前，完成了目标话题的表达。

　　可见，找到准确的切入点来呈现话题，适时地"自我表现"，就能让自己的观点传达得更加生动自如，不会让听众感觉你的表达漫无边际、不得要领。

　　那么，怎样才能找准话题的切入点，让目标话题自然呈现呢？相信下面这几种方法可以帮到你：

1. 设置悬念切入，调动听众情绪

　　在表达时，可以先设置一个与目标话题相关的悬念，通过恰当的渲染烘托，调动听众的好奇心，让听众急于了解悬念的谜底，然

后再解开悬念，顺势引出目标话题，就能让表达更加深入人心。

在主持人大赛文艺类总决赛阶段，尹颂以《一堂好课》为主题，进行了2分钟即兴表达。在表达的开头，他就设置了一个很吸引人的悬念：

> 今天现场我看到来了好多年轻的朋友，我问大家一个问题：爱情是什么样的？甜蜜的？苦涩的？您看，每个人对于爱情的答案都是不一样的，但是我想，"两情若是久长时，又岂在朝朝暮暮"，说的是爱情；"衣带渐宽终不悔，为伊消得人憔悴"，说的也是爱情。
>
> 古往今来，有太多太多这种凄美爱情故事震撼我们的内心，而在我的心目当中，让我印象特别深刻的还是那个"千年生生传爱恋，山伯永恋祝英台"。没错，梁山伯与祝英台的故事。此时，那首非常悠远动听的《梁祝》有没有在大家的耳边响起呢？
>
> 说到这首曲子，我一定要提到一个人，她就是《梁祝》这首曲子钢琴部分的编曲者和首演者巫漪丽老人……

这段表达结束后，几位评委几乎都给出了一致的好评，尤其是对于开头部分悬念的设置，既营造了一种美妙的氛围，与"爱情"这个主题很契合，同时也为下文做了铺垫和转折，引起了观众的兴趣和思考：爱情到底是什么样的呢？他要讲的内容与爱情有关吗？

巫漪丽老人又有怎样的故事……当一个个疑问出现在观众的脑海中时，就为后面故事的展开做足了铺垫。

在表达时，也可以设置一些悬念，为目标话题做铺垫，这往往要比直接开始话题更能吸引听众的注意力。比如，上文中姚轶滨的自我介绍，就用两个故事设置了悬念，让大家在听故事时内心就会产生疑问：第一个人物，也就是那个医生是谁？他未能救治回来的小女孩对他会产生什么样的影响？广播新闻节目主持人又是谁？他与医生有什么关系？……带着这些疑问，听众也会更加专注地听表达者讲述，而表达者也在揭开谜底的过程中，顺势亮出了自己的目标话题，整个过程自然顺畅，毫无违和感。

2. 用故事切入，引发听众联想

在引出目标话题前，先讲一个故事，让听众由此产生类比联想，接着再呈现出你的目标话题，就会让话题更加鲜明集中。

在主持人大赛第一阶段第二场的自我展示环节，新闻类选手高嵩上场后，就用3分钟时间讲了一个故事。这个故事是这样的：

> 今天要跟您分享的，是一个迟到了22年的诺言。
>
> 位于江苏的周庄古镇，被称为"中国第一水乡"，各位可能都去过。从古镇往东，跨过一条河就到了上海青浦的金泽。两地常年是摆渡来回，连接两岸的渡船也促成了不少上海和江苏的"跨区域"联姻，村民张泉勇就是其中之一。

22年前,他把妻子从周庄迎娶过岸的时候曾经许下了一个诺言。他说,你嫁给我吧,听说这儿很快就要造桥了。有了桥,就什么都方便了。转眼20多年过去了,村子里的路一修再修,桥却一直没有架起来,老张每次和妻子回娘家还是得坐渡船,而且一般不敢留下来吃晚饭,因为天一黑船就得停,绕路回来得多花40分钟。每天晚上的五点半是最后一班船出发的时间,但通常都会再等一等,有不少村民在对岸的周庄上班,他们都得搭最后一班船回家。

听村子里的人说,这个渡口已经运行了超过百年,除了晚上船不能开,遇到台风、大雾天还得停航。造桥几乎成了所有村民的梦想。直到去年,长三角一体化上升为国家战略,交通的互联互通是基础保障,而第一件事就是要打通省界断头路。借着这股东风,去年8月(2018年)两岸的造桥工程终于启动了。今年(2019年)3月,两岸合龙步行的通道已经开放。终于,村民去对岸上班不用再担心天黑了回不了家,如果要过河去走个亲戚,也可以踏踏实实地留下来吃顿晚饭。而那个迟到了22年的诺言,也真的实现了。

见证时代变迁的渡口,终于完成了自己的使命。一座新桥,不仅让老张的诺言实现,也让两岸百姓的生活更加紧密地相连。当然,撤渡架桥只是第一步,未来我们期待长

三角一体化能让三省一市的更多地方架起一座座看得见和看不见的桥，让更多的蓝图变为通途。而作为一个主持人，我也会继续奔走在长三角的土地上，我希望自己也能成为一座通往观众的桥，这就要从讲好每一个长三角故事开始。

这段表达结束后，评委康辉老师给出了较高的评价，认为里面"有故事，有细节，最后也归纳出了一个大主题"，而且在一些新闻类的主题报道中，这样故事性的表达比直接喊口号或抛出大主题更吸引人。

当然，在用故事切入目标话题时，不但要注意故事的逻辑性，还要注意故事所表达的主题与你的目标话题是否契合。讲故事的主要目的，既是为了吸引听众的注意力，引发听众联想，也是为了引出自己的核心观点。所以，不能为了讲故事而讲故事，最后再生硬地拉到自己的目标话题上，这样的故事就是画蛇添足了。

3. 用反话题切入，启发求异思维

一般来说，我们在表达时习惯于从正面寻找切入点，进入目标话题，但有些时候，如果从与目标话题相反的角度来寻找切入点，往往更能出奇制胜。简而言之，就是背离听众所熟悉的视角或普遍的想法，反其道而行之，与听众的心理定势形成反差，让听众的惯性思维和经验受到"挑战"，激发听众的求异思维，从而引起听众的兴趣，之后再顺势呈现出自己的目标话题。

比如说，在职业生涯中，到底选择和努力哪个更重要？要阐述观点时，你就可以举个反例：

> 有一个从大连理工大学电子专业毕业的研究生，进入了一家稍有规模的IT企业。但由于他不太精通软件知识，就没有做技术工作，而是从事了管理工作。小伙子长得很帅气，个人素质也很好，深得总经理喜欢，便让他做了总经理助理，主管行政和企划。但是，由于公司发展规模有限，工作了5年后，他的薪水和职位一直没有提升，在公司发展受到了一定局限。

这个反例就突破了很多人的常规认知，即"努力比选择重要"。当你讲完这个故事后，就会给听众造成认知上的意外。虽然你没有直接说正确选择的好处，而是说明了错误选择的坏处，但旗帜鲜明地呈现出了"选择比努力更重要"的观点。举完这个例子后，想必大家也就明白你要表达的目标话题了。

在很多情况下，从反面话题寻找切入点更容易让人印象深刻，因为恐惧往往比幸福更有冲击力，也正因为这种冲击力，才让你的目标话题产生了更强的穿透力。

巧妙地进行话题转换和过渡

在沟通表达过程中，同一个话题可能很难贯穿始终，在这种情况下，表达完一个话题后，再适时而又巧妙地转换或过渡到另一个话题，往往可以促进交流的继续进行，增强表达效果。

话题转换和过渡在很多需要表达的场合都能用到，比如主持人在主持或表达时，有时就需要巧妙地衔接前后话题，实现话题转换，使表达能够顺利进行。

在主持人大赛第二阶段第二场中，敬一丹老师要为选手刘仲萌出一道题目，根据题目信息，刘仲萌要进行一段《感动中国》的即兴主持。敬一丹老师给出的题目信息是：一、"最美妈妈"吴菊萍奋不顾身地用双手接住了一个突然从10楼坠落的两岁女孩，她的手臂也瞬间被巨大的冲击力撞成了粉碎性骨折；二、川航机场刘传健在飞机高速飞行缺氧、驾驶舱温度低至零下40℃的生死瞬间，从容驾驶，完成了"史诗级"的迫降，确保飞机上128人的生命安全。

根据以上两个信息，刘仲萌进行了这样一段即兴主持：

各位好，这里是《感动中国》2019年度特别人物颁奖典礼的现场，我是主持人刘仲萌。

《感动中国》从2002年到现在已经陪伴大家17年了，这17年，在每一年农历新年开始的时候，《感动中国》都在回望过去，找到过去一年那些闪亮和给予过我们感动的名字。17年，190多人在这个舞台上捧走了这一座象征着奉献和爱的心形奖杯。这些人有的可能是在某一个瞬间爆发出了极其强大的力量，当然也有很多人是几十年如一日坚守着一件事儿，将平凡孕育成了不平凡的伟大，而这都是感动。

今天，首先为大家介绍的第一组年度特别人物，我愿意用一个词来概括他们身上感动的事迹：安全落地。

面对一个两岁的女孩儿从10楼坠落的瞬间，你会想些什么？"最美妈妈"吴菊萍告诉我，冲上去用双手接住这个孩子，让她安全落地，保住她的性命。但是她万万没有想到，孩子从10楼落下来的时候冲击力有那么大！所以，当"最美妈妈"手臂粉碎性骨折，躺在医院病床上接受采访的时候，她说："换成别人也会这样做的。"

中国人骨子里是有爱心的，面对危难时刻，我相信很多人都愿意伸出援手，但有些时候，面对的这个危难过于专业的时候，该怎么办？

机长刘传健告诉我："沉着冷静，用你的专业让大家安全落地。"我们称他为"英雄机长"。面对采访的时候，机长说："挡风玻璃破裂是史无前例的，因为没有前车之鉴，不知道可以借鉴什么，这个时候你只能告诉自己，沉着冷静，用你几十年的专业能力保住这128人稳稳地落在地上。"当然，最后飞机安全落地的时候，机舱里爆发出了雷鸣般的掌声，而机长却在面对采访的时候说："我的机组同事们也很优秀。"

敬老师说："17年了，我们为什么要感动？因为我们希望《感动中国》让大家感动之后有所动，感动之后有所感谢，让感动的力量传承下去。"

接下来，我来宣读《感动中国》组委会给予吴菊萍、刘传健的颁奖词：在危难时刻，你奋不顾身；在危险时刻，你沉着冷静。你把别人的生命捧在自己的手里，让别人安全落地，你就是最美妈妈、最帅机长。《感动中国》2019年度特别人物吴菊萍、刘传健。

谢谢大家！

表达结束后,几位评委老师都很认可,康辉老师更是表示,如果换作他来表达,他可能会选择"瞬间"这个关键词,但当听到刘仲萌用"安全落地"四个字时,立刻竖起大拇指,因为这四个字会更加让人想要听下去,想知道他们都是怎么做到"安全落地"的。

实际上,这段表达还有一点非常精彩的地方,就是两个人物故事之间的话题转换:"中国人骨子里是有爱心的,面对危难时刻,我相信很多人都愿意伸出援手,但有些时候,面对的这个危难过于专业的时候,该怎么办?"一个问题转换,立刻就引出了下一个话题,非常巧妙而又自然。

通常来说,要转换和过渡话题的情形可以分为两种:一种是主动转换和过渡,一种是被动地转换或过渡。主动的情形通常出于自己表达的需要,比如设计要在某处转换或过渡,进入到下一个话题当中;被动则是因为对方对你的表达表现出了不耐烦或不感兴趣,这时你就要及时转换话题了,否则你们的交谈可能就会被迫中止。比如,当对方不停地点着头,或说"嗯"的时候,却不提出任何问题,也没有其他表态,或者目光顾左右而言他时,十有八九说明他已经对你当前的话题不感兴趣,提示你该换话题了。

转换和过渡话题也要掌握一些技巧,否则太过生硬,同样不利于新话题的呈现。

1. 巧变角度来转换话题

当我们想要转换或过渡到下一个话题时,不妨找到和前一个话题的关联性、对比、转折等，巧妙地切换角度，让话题很自然地切换到下一个方向。如此听众不但不会感到生硬，反而还会很自然地跟随你进入到下一个目标话题当中。

在主持人大赛第一阶段第一场的新闻类比赛中，选手张安琪以一幅图片中的内容进行了一段90秒的即兴表达。图片内容是：

> 2019年1月，贵州毕节高速收费员翁芯帮忙推走故障车辆，耽误了几分钟，后面排队的司机不了解具体情况，认为她动作缓慢。翁芯觉得委屈，所以掉了几滴眼泪，但下一秒在面对顾客的时候，她抹掉眼泪，仍坚持微笑服务。

针对这幅图片，张安琪是这样表达的：

> 今天我们新闻的关键词叫作"变脸"，但是，这个"变脸"却是一个打了双引号的变脸，是一个褒义词。起因是什么呢？
>
> 在2019年1月，有一个19岁的高速女收费员在工作的时候，可能遇到了一点儿小问题，遭到后面排队人的指责。但是，她却没有因此而一味地抱怨，而是选择继续微笑面对工作。从态度上来看，她在坚守自己工作岗位的同时去帮助他人，这是她的态度；从温度上来看，生而为

人，她愿意用微笑把暖心带给这个世界，这是她的温度。

我们再换一个角度来看，在这个社会上，我们也经常听到"变脸"这个词，但不一定每次都是一个褒义词。我想很多工作人员在被说到"变脸"的时候，跟翁芯是大相径庭的。所以不论从态度、角度还是温度，翁芯都值得我们为她点赞。她只是一个19岁的女收费员，是一个青年人，但是她却能够坚守在自己平凡的工作岗位上，就像那句话所说的，"身在井隅，心向星光，眼里有诗，自在远方"。我想，做好自己最平凡的事，就是她心中所追寻的远方。

在这段表达中，选手就很自然地从一个话题过渡到了另一个话题：先是赞赏了女收费员的态度和温度，继而转变角度，把话题过渡到社会上青年人对自己工作岗位的坚守，最后亮明主题：做好自己最平凡的事，就是心中所追寻的远方。

这种转换方法衔接紧凑，听众不会感到生硬，一般适用于不太复杂的两个或几个话题之间，显得自然顺畅，同时也具有直触主题、简洁明了的特点。当然，如果是表达一些人物较多、身份又比较复杂的话题时，这种方法就不太适用了。

2. 用问题来转换或过渡话题

当在表达完一个话题，准备进入下一个话题时，也可以根据当前话题内容顺势提出一个问题，自然而然地过渡到下一个话题。这样就能把听众的注意力引到你所提出的问题上，继而跟随你一起寻找答案，把关注点放在你即将要表达的新的话题上。

  曾经有一档节目叫《沟通无限》，节目中有一期的主题是从人的手掌纹上看健康。主持人在观众的掌声中出场，她首先请现场的观众看看自己的手，刚才是不是已经拍红了，随后告诉大家，这样对健康是有好处的。接着，主持人又引出我们的双手在生活中的用途，比如劳动、学习、生活、艺术创作等，都离不开它们。

  说到这里，主持人便向观众抛出了一个问题："那大家有没有想过，我们从自己这双每天都离不开的手掌上，能不能解读出身体各个部位和脏器的健康信息呢？"

很显然，当主持人提出问题时，观众便不由自主地开始思考主持人的这个问题，同时也很想知道到底能不能解读出身体的健康信息。于是，主持人便自然地通过这个问题，把"手的用途"的话题过渡到"手掌纹上看健康"上了。

  这种方法在我们的日常表达中运用十分普遍，尤其在听众对你目前的话题已经表现出不那么感兴趣时，你就可以通过一个过渡性的问题把话题转换到另一个新的话题上。这样不但巧妙地结束了前一个对方不太感兴趣的话题，而且适时地引出下一个话题，从而使表达或交谈可以继续进行下去。

3. 用过渡话题更好地切入正题

有些时候，进行话题转换或过渡是为了更好地切入正题，尤其在自己的话题与对方的意见、想法相去甚远，而自己又不想做出妥协和让步时，适时地转移话题不但可以避免出现僵局，还能把暂时的争议放在一边，改变和缓和沟通的气氛，使双方在新的融洽的沟通氛围中继续讨论之前有争议的话题。

有一位悉心研究古典文学的老师，出版了一本关于古典文学的书。该校文学社的一位学生代表就来采访这位老师，请老师给大家谈一谈写作经验。但老师并不想多谈，认为这只是一种专题学习，谈不上什么经验。

学生代表见状，有些尴尬，但又不想放弃。忽然，他看到墙上有一幅字，是用隶书写的，就问："老师，这墙上的隶书是您写的吗？"

老师点点头，说："是啊，没事儿就想写写。"

学生代表又问："老师，您写的这个隶书有什么特点呢？"

老师一听，一下子来了兴致，滔滔不绝地跟学生代表讲了半天，双方的气氛逐渐变得融洽起来。这时，学生代表又不失时机地说："老师，您对隶书这么有研究，以后我们要多多向您请教呢！不过，现在我们特别想听听您是怎么写出这本书的。"

这一次，老师盛情难却，只好介绍起来。

从这个案例可以看出，学生代表用墙上的隶书来作为过渡话题，激发了老师的表达兴趣。当老师的"谈兴"上来后，再将话题重新转换到之前的主题上，就能为真正的交谈做好铺垫。

在表达过程中，不管是思维敏捷的主持人，还是生活、工作中的我们，都要学会随机应变，灵活串联，根据不同的情况合理地进行话题的转换和过渡，使前后两个逻辑上没有直接关联的话题为了一个共同的目标话题服务，最终合理地表达出自己的目标话题。

表达节奏

在有限的时间说重要的话

第4章

> 如果仅仅是言之有理,那我们会失了温度;仅仅是言之有物,那可能又会失了高度。所以确实需要我们把故事、情感、道理以及升华都融合在一起。
> ——康辉

教科书式的开篇

在大型诗词文化音乐节目《经典咏流传》中，主持人撒贝宁老师每次一开场，简直句句都惊艳。比如第一季第二期的开场：

> 人生如一场修行，得意时"一日看尽长安花"，艰难时"潦倒新停浊酒杯"。但生命的跋涉不能回头，哪怕"畏途巉岩不可攀"，也要"会当凌绝顶"；哪怕"无人会，登临意"，也要"猛志固常在"，从经典中汲取"九万里风鹏正举"的力量，历练"也无风雨也无晴"的豁然。"待到重阳日"，我们"还来就菊花"。

这段开篇称得上是"教科书式的唯美开场白"，一下子就吸引住了观众的注意力。

再比如《朗读者》节目中，主持人也有过很多教科书式的开篇。以第一期的主题"遇见"为例，主持人是这样开场的：

> 古往今来，有太多太多的文字，在描写着各种各样的遇见。"蒹葭苍苍，白露为霜。所谓伊人，在水一方。"这是撩动心弦的遇见；"这个妹妹我曾见过的。"这是宝玉和黛玉之间，初次见面时欢喜的遇见；"幸会，今晚你好吗？"这是《罗马假日》里，安妮公主糊里糊涂的遇见；"遇到你之前，我没有想过结婚；遇到你之后，我结婚没有想过和别人。"这是钱锺书和杨绛先生之间，决定一生的遇见。
>
> 所以说，遇见仿佛是一种神奇的安排，它是一切的开始。也希望从今天开始，《朗读者》和大家的遇见，能够让我们彼此之间，感受到更多的美好。

这样的开场，不仅与节目风格紧密贴合，深刻地体现出了节目主题的内涵，同时流畅的文字更是直击听众的灵魂深处，给人以美好、难忘的享受。

不仅在电视节目中，即使是在平时的表达沟通中，我们说出的第一句话也像是一道开胃菜，美不美味，直接决定了你能不能吸引住听众的兴趣，继而引出主菜。世界著名演讲大师博恩·崔西就曾作过一个形象的比喻:"人与人之间的沟通往往会产生一个第一印象。也就是说,一个人的开篇进行得好,将会给人留下深刻的印象;但如果一个人的开篇进行得并不顺利,则可能会让人们失去对他的兴趣。这就好比初次见面的异性之间产生爱慕一样,如果在前3分钟里双方都没有什么感觉的话,两个人成为恋人的概率就会非常低。同样的道理,开篇的前3分钟如果不能打动人心,后续的演说也会变得很艰难,即使勉强进行下去,也会让人觉得乏味。"

这段话还透露出一个信息,就是你的开篇时限最好控制在3分钟,因为从心理学角度来说,每个人在听别人说话时,心理大门都会暂时打开,但持续时间不会太长。如果你的表达不能在较短的时间内打动别人,说进别人的心里,那么在后面的表达中你可能就要付出很多。所以,善于表达的人往往也会利用开篇的关键时间,用与众不同的表达语言和表达方式,来吸引听众的注意力,"控制住"听众的情绪和心理,让听众愿意继续听下去。

那么,在平时表达时,怎样才能练就这种教科书式的开篇,一下子就抓住听众的注意力呢?

1. 用自己的故事来开篇

在沟通表达时,如果能用自己的亲身经历来开篇的话,往往能起到很强的震撼力,不论是在情感上还是在说理环节,都能很好地吸引听众。

世界著名演讲大师约翰·库缇斯天生就严重残疾,出生时双腿就像青蛙腿一般细小。他在《别对自己说不可能》的演讲中,开篇就说道:"我出生的那一天,医生就告诉我的父母,我一定会马上死去……"

这种通过讲述自己的故事来开篇表达,往往可以让表达者的观点更具有说服力,并在情感上打动听众,同时还能让听众联想到自己人生际遇中的那些或喜或悲的坎坷经历。这样,表达者与听众间就在情感上产生了共鸣,听众也会随着表达者的思路继续听下去。

> 美国前总统奥巴马的妻子、第一夫人米歇尔,为了帮助丈夫赢得总统大选,曾在一次民主党会议上发表演说。她是这样开篇的:"在此前数年中,我凭借第一夫人的非凡殊荣,几乎走遍了美利坚合众国的每一寸土地。无论我身在何处,都能从我遇见的人与所听到的故事中,感受到最真切的美国精神!在大家对我与我的家庭,特别是我的女儿们抱着令人难以置信的友善与热情中,我深深地感受到了这种精神的伟大!……"

这段开篇没有直接宣传奥巴马的优点,而是通过自己"走遍了美利坚合众国的每一寸土地"的亲身经历,赞扬了广大的美国普通人,一开口就打动了在场的听众。

这种开篇方法用得好,可以很快引起听众的共鸣,但如果用不好,比如对自己的经历喋喋不休地说个没完,甚至已经远远地偏离了主题，那就没人愿意再听了。这就提醒我们，在现身说法时，一定要控制好自己的表达欲，避免说太多废话，言简意赅地表达出自己的经历后，就要快速将话题转换到你的表达主题上。

2. 以问题来开篇

在主持人大赛第一阶段第二场，选手刘熙烨以"重阳节晚会现场请到一个五世同堂的家庭"为题目，进行一段即兴表达。她是这样表达的：

> 欢迎大家来到《九九重阳乐》的节目现场。我想问问现场的观众朋友们，大家想想，您的上一张全家福是什么时候照的？那些您思念的亲人，他们现在还好吗？您还记得自己的姥姥给您缝的第一件小棉袄吗？您记得牵着您的手过马路的爷爷吗？
>
> 在今天九九重阳节这个传统的节日里，我们总会想到老人。多么希望岁月能够对他们温柔一些，让他们陪着我们慢慢长大。如果有机会对您身边的老人说一句话，您想对他说什么呢？
>
> 在今天节目现场，我们为您请到了特别欢乐的一家子，有白发苍苍的老人，还有刚学会走路的小朋友……来，认识一下我们今天五世同堂的家庭。

在这篇表达的开篇,选手就用了几个问题将大家带入情境当中,引起大家的共鸣和思考,同时也对后面即将出现的主题起到了强化作用,很好地引出了后面的内容。

用提出问题的方式开篇不但容易操作,而且适用的场景很广泛,如果问题提得好,可以快速活跃气氛。但凡事都有两面性,如果问题提得不好,就有可能会冷场。所以,如果你打算用提出问题的方式开篇的话,就要认真设计好问题。一般来说,问题不要设计得太长或太多,也不要讲太多细节,否则问题过于琐碎,容易使表达内容一开始就偏离主题,让听众不知道你到底要表达什么。

3. 以目的或想法来开篇

在电影《金蝉脱壳》中,西尔维斯特·史泰龙扮演的一个越狱高手,在监狱中第一次见到阿诺德·施瓦辛格扮演的狱友"教堂"时,第一句话就是:"你肯定很想逃出去吧!"对于被关在监狱中的所有人来说,逃脱监狱就是他们共同的想法和目的。因此,即便是完全不认识的陌生人,只要摆出双方的共同利益,也会瞬间站在同一立场,并为了同一个目标而寻找方法。

我们日常生活中的大部分表达都是没有固定舞台的,多数都是即兴表达,比如,在会议上发言,在走廊里遇到同事,接到客户的电话,等等,这时就可以用共同利益的话题来开篇,如:"我对这个问题有了新发现,想跟大家分享一下。""我对咱们的项目有个想法,想跟你聊聊。""上次您说跟我们合作有一点儿担忧,现在我想告诉您，这个问题我们已经解决了。"……这些都是突出双方共同利益的话题，以此开篇，往往可以迅速拉近双方的距离，赢得对方的注意，让对方愿意继续倾听你的表达。

以共同目的和想法的话题作为开篇，追求的是一种"打开天窗说亮话"的效果，也就是通过短平快的表达方式，用最精简的语言总结谈话内容的核心要点和最终利益。如果在表达之前加入太多的寒暄客套，不但不能增加语言的感染力，反而会让开篇显得啰唆累赘，比如"有些话我不知道当说不当说""我本来不想说的，但既然你想听，我就说说"之类的。尤其在你说完后，如果对方发现你的表达并没有什么新意，就会更加厌烦。

总而言之，表达看似是一件普通的事，但能不能表达好、表达到位，并不是每个人都能做到，这也是普通人无法做到像主持人、演说家那样拥有一个精彩开篇的主要原因。不可否认的是，表达时开篇做得好的人，都非常懂得表达的艺术，不但将与他人的沟通交流视为一种艺术，还将其看成一种增进彼此间了解、俘获对方内心的最有效策略。当然，如果你掌握了以上几种开篇方法，并熟练运用，那么你也能拥有教科书式的开篇。

层层推进，引出观点

很多时候，我们在表达或与人沟通时，如果直接提出自己的观点，生硬地想让听众认同，往往会让人产生排斥情绪，甚至直接被听众拒绝。而采用由小到大的幅度，层层推进地引出自己的观点，就会给听众一个接受新观点的心理缓冲过程，从而让自己的观点一点点"渗透"到听众内心，听众往往也更容易心悦诚服地接纳我们的观点。

实际上，在表达时层层推进，把握好表达节奏，可以让整个表达显得逻辑严谨，思维严密，按照某种顺序将内容一步步铺排，最后顺利地引出自己的观点，既能给人一种一气呵成的畅快感，又会让听众不由自主地跟随你的思路，一步步进入到你的表达当中。

比如，撒贝宁老师曾主持过《今日说法》和《小撒说法》两档节目，由于节目本身要求通过讲述一个个案例，结合法律知识，最终达到普法的目的，所以撒贝宁老师在主持时，就不能像一些娱乐主持人那样，可以随着现场氛围随意性地进行表达，或者讲一些俏皮幽默的话语，而是必须紧紧围绕案例中事件的发生、发展，以及警方在破获这些案件时掌握的每一个证据，然后根据这些证据，一步步抽丝剥茧般地向前推进案情。这样才能吸引观众跟随他的思路和视角走入一个个案情当中，和他一起揭开案情，找到答案，并且还要在此过程中一步步将话题有意识地引入到法律层面，最终引出观点，达到普法的目的。

所以，我们在看撒贝宁老师主持的法制节目时，总是感觉他的表达既思路清晰，又观点明确。一个似乎很复杂曲折的案例，通过他短短十几分钟的主持，就能将案件完整地呈现出来，同时还能从中学到一定的法律知识，获得一定的启发。这就是一个优秀主持人超强表达能力的有力体现，也是需要我们在日常表达时加以学习和借鉴的方法。

要以层层推进的方式表达，就需要先构建一个思维框架，这个思维框架就是"提出问题——论述问题——总结观点"。我们以主持人大赛中第二阶段第三场选手邹韵的一篇3分钟即兴考核为例，看看邹韵是如何用这种方法展开自己的表达的。

这篇表达是要求选手邹韵以出题嘉宾崔志刚老师给出的两个信息，即兴主持一段《一年又一年》。信息之一是：在湖北罗田县，春节期间县图书馆不闭馆，继续免费向市民开放，并且为读者采购了7000多册适合少年儿童及成人阅读的书籍和近200种报刊，另外还添置了一批崭新的阅览桌椅，方便读者自习阅读。信息之二是：刘向阳是河北保定的一位农民摄影师，每年春节，他都会给岳父一家拍一张过年的全家福，记录光阴的故事，这个传统已经保持了25年。

邹韵要根据这两条信息，进行一段即兴主持。

邹韵是这样表达的：

> 一年又一年，我们陪您过大年。在这里先给大家拜个年，祝您好运连连，在新的一年不缺钱，同时高兴的事能够多到乐翻天。
>
> 今天我们要讲的是春节期间那些变与不变。首先请大家看右手边的这两幅图，在河北保定有这样一家人，他们每到过年就有一个不变的习惯，那就是在大年三十那一天拍一张全家福。但是，在这个不变习惯的坚守背后，我们却发现了很多变的元素，比如说，两张照片从黑白照片变成了彩色照片，从11口人变成了18口人，从曾经破旧的房屋变成了现在屋净窗明的大瓦房。两张小小的照片，20多年的缩影，不光是体现了一个家庭的变与不变，更反映了我们国家在过去几十年人民生活水平的一个巨大的提升。
>
> 但是，在物质文明发生变化的同时，我们的精神文明

也在发生着变化。请大家再看左手边这张图，在湖北的罗田县，我们知道在中国的这些小一点儿的县城年味儿总是特别足的，但今年在这个地方，除了我们知道的年味儿、饺子味儿、鞭炮味儿，等等，当地的民众还体会到一种新的味道，那就是书香的味道。当地的图书馆决定在春节期间不放假，免费向民众开放，这些便体现了我们国家的人民对于精神文明更高的追求。这种更高的追求如今已经不仅仅体现在一线、二线、三线的城市，而是已经落实到像罗田县这样更小一点儿的县城。

春节是各种情感，亲情、友情、爱情相交会的日子，但现在随着新时代的发展，它更是一个变与不变的元素相交融的日子。不变的，是我们对家、对习俗、对根，甚至对祖国的坚守；而变的，是我们对新事物的包容。也正是这种变与不变的相融合，才让我们的春节过得更加的多元和幸福。

一年又一年，喜气洋洋中国年，新中国成立70年，有那么多的梦想，我们曾经以为是远在天边，但是经过了几十年的发展，如今它却近在眼前。在我看来，不论是变与不变，不论是阖家团圆还是坚守，就像崔志刚老师曾经在诗里写过的那样，"只要过的是我们传统的中国年，不管怎么过，那都是家国兴旺"。

对于邹韵的这段表达，崔志刚老师给予了较高的评价。他认为，邹韵抓住了核心信息，就是"变与不变"，并且也体现出了过春节的仪式感。同时，他也提出了一点自己的建议：如果选手能在"变与不变"的前提下，再结合过年的特定氛围，给出一些能让人内心进一步思考的东西，比如"静默与欢快"——"静默"是一种仪式感，"欢快"也是一种仪式感，最后再浓缩成一个大主题，就更加完美了。当然，这同样不影响邹韵的这番表达是十分优秀的。

实际上，这番表达既体现出了"变与不变"的主题和过年的仪式感，表达内容还做到了层层推进，最后亮出观点，升华了主题。

具体来说，它分为以下三步：

1. 提出问题

在这段表达中，选手在一开头便根据给出的材料提出了问题——春节期间的那些变与不变。

那么，春节期间会有哪些"变"、哪些"不变"呢？

这也是观众想要了解的内容。其实对于我们每个人来说，过年都有着特殊的意义，也都有着一定的仪式感。但是，仔细回想一下：在一年又一年的春节中，我们身边都发生了哪些变化呢？又有哪些是多年来一直未变的呢？

由此，观众会觉得这是与自己息息相关的问题，因而也会马上产生兴趣，想听听选手到底如何展开分析。这就为选手接下来的论述问题奠定了基础。

2. 论述问题

接下来就是分析问题、论述问题的阶段了,这里邹韵充分利用材料里的两个事例,一个事例是河北保定的农民摄影师刘向阳,每年春节都要给岳父一家拍一张全家福;另一个事例是发生在湖北省罗田县,县图书馆在过年这天也不闭馆,还为读者采购了很多优秀的书籍和杂志,添置了崭新的阅览桌椅,让大家在读书中度过春节。她将这两个案例结合在一起,既展现出了春节的"变",也展现出了"不变":变的,是人们的生活变得越来越好,精神需求变得越来越多,对新事物的包容性越来越强;不变的,是亲人间浓烈的情感,是我们对家、对习俗、对根,甚至对祖国的坚守。

3. 总结观点

论述完问题,邹韵又总结了自己的观点:春节是各种情感相交会的日子,而随着新时代的发展,它更成了一个变与不变的元素相交融的日子。正是这种"变与不变"的融合,才让我们的春节过得更加多元和幸福。

很显然,通过前文的论述和观点的总结,结尾处便顺理成章地对主题进行了升华。而邹韵在这里便很"讨巧"地引用了崔志刚老师诗中的一句话:只要过的是我们传统的中国年,不管怎么过,那都是家国兴旺。

到这里为止,一篇层层推进、观点明确的表达便结束了,崔志刚老师对这段表达结尾处给出的点评是"主题特别圆满"。同时,康辉老师也认为，邹韵的这段表达不但完成得很流畅，"把握得也很准确"。

  这段表达完整、流畅而富有节奏，在表达过程中，选手不但充分地引起听众对问题的兴趣和思考，又通过引用信息中的资料，详细地分析和讨论了问题，引导听众的思考方向，最终总结出自己的观点，让人印象深刻。在当众表达时，如果你也能灵活运用这种表达手法，掌握好整个表达节奏，那么你的表达也会瞬间变得逻辑清晰、观点明确，引人入胜。

突出关键字句

在表达过程中,如果学会适当地突出一些关键性的字句,就能让听众通过这些字眼快速抓住你所表达的重点,同时也会对你的表达印象深刻。

比如,在主持人大赛第二阶段第二场中,选手田靖华需要在3分钟内即兴进行《东方时空》的现场主持。他是这样表达的:

各位观众晚上好,欢迎收看正在直播的《东方时空》。今天我们要来聚焦一个关键词,叫"拼搏奋斗"。

我们要来认识两种冠军。在刚刚结束的女排世界杯上,中国女排以十一连胜的骄人战绩为"十一"国庆献礼,多好的寓意,第十个世界冠军,这是中国女排带给我们最大的惊喜。但更让我们感动的是，中国女排这种努力拼搏、永不放弃的精神。在20世纪80年代，中国女排的世界冠军可以说远远超出了体育的范畴，在那个年代，它告诉我们，中国人只要努力拼搏，永不放弃，一样可以达到世界一流，甚至超过世界一流的水准。

在提到"女排精神"的时候，中国女排主帅郎平曾经说过，"女排精神"不是赢得冠军，而是明知道不会赢也要努力拼搏。这一路虽走得摇摇晃晃，但站起来拍拍身上的泥土，我们的目标依旧是正前方。而正是在这样精神的感召之下，中国女排主帅郎平和她的队员让五星红旗在世界的各个角落飘扬。

而同样通过自己的努力拼搏、努力奋斗，使五星红旗冉冉升起的，还有我们接下来所说的这位冠军。他叫曾璐锋，出生在江西的一个小乡村，2019年8月，在第45届世界技能大赛上，曾璐锋首次代表中国出战，获得了水处理技术项目的金牌。在这样的世界技能大赛上夺冠，标志着我国在这一工业技术领域已经达到了世界前列的标准。尤其要提醒大家注意的是，曾璐锋是江西环境工程职业学院的一名学生。从职业学院的一名学生到获得了世界技能大赛的冠军，他要付出多少努力，我们可想而知。而在面对这些所取得的荣誉的时候，曾璐锋表示，年轻人就该努力拼搏，奋斗的青春最美丽。

说得多好，青春就是用来奋斗的。当C919在天宇翱翔，我们圆了一百多年的大飞机梦。当"蛟龙"在南海下潜，我们打开了深海世界的大门。当"天宫二号"实现在轨对接，当"嫦娥四号"在月球背面着陆，中国的航天大国梦正在一步步走向现实。没有比脚更长的路，没有比人更高的山，正是有了我们这些不断拼搏、不断奋斗的个体，才成就了我们中华民族的今天。所以，让我们努力奋斗，为我们的五星红旗增光添彩。

表达结束后，评委王宁老师点评说，田靖华的这段表达有"深度和温度"，深度是怎么样做到有理有据，温度就是怎么样有情有料。更重要的是，选手抓住了表达的关键词"拼搏"，并且举出了女排和从事水处理技术工作的年轻人曾璐锋，他们都在通过生活的智慧提炼出人生的拼搏精神。

人之所以要表达，他人之所以要倾听，就是因为有"关键点"需要交流。如果你的表达中没有关键性的字句，就无法突出关键性内容，听众也弄不清你到底要表达什么，你的观点或建议又是什么，这样的表达或沟通就是在浪费大家的时间。

一般来说，表达中的关键性字句至少具备几个显著的特点，比如字数较少、结构简单、格式整齐，有时还可以重复使用。这些都是源于传播力的要求，因为关键字句肩负的使命就是要让人们记住。任何大道理都可以用简单的语言来解释，而表达高手总是能把复杂的语句简单化。如果你也想让自己的表达更有特色、突出要点，可以通过下面几个方法来有效突出关键字句：

1. 善于用类比打造关键字句

类比有点儿像我们学过的比喻，它通常是为了解释一个抽象的观点或道理，然后用与这个观点或道理有共同特征、听众也比较熟悉的例子进行解释，从而让听众触类旁通，增强理解力。

在主持人大赛的第一阶段第三场中，选手梁婧在3分钟自我展示环节的表达中，有这样一段内容：

> 现在资本市场上特别流行一个叫作"资产证券化"的运营方式，月饼也是里面的"高级玩家"。什么叫"资产证券化"？我来给大家解释一下，千万别"不明觉厉"，我这儿的一张月饼券就能给您说清楚。
>
> 首先，您看这个月饼是这里面的基础资产，面值100（元）代表它未来的预期收益，那么厂家把它印成了券，六五折卖给了经销商，经销商80（元）卖给了我，我把它作为礼物送给了我的好闺蜜。她吃多了又怕长胖，于是40（元）转手倒给了"黄牛"，这时候厂家用50块钱向"黄牛"收购了。
>
> 见证奇迹的时刻到了，计算后可知这里面经销商和厂家是各赚了15块钱，我闺蜜赚了40块，黄牛赚了10块。

可是，各位看到这一圈里其实就已经形成了一个月饼的资金池，而且这个月饼已经不光能吃了，它已经转化成为像我们看到的股票一样，可以交易、可以买卖的一个融资闭环。其实，这就是"资产证券化"的一个基础架构之一。说到这儿，各位还小瞧您家中的五仁月饼吗？

在这段表达中，选手就用了一个类比手法，把"资本证券化"这个不太容易理解的概念，用一个浅显易懂，听众容易理解的"卖月饼"的例子解释清楚了。难怪评委康辉老师说："我一听到数字曲线、经济这些就头大，但是我觉得像你这样的财经节目我听得进去，而且我听得兴致盎然。"

当然，这段表达中也有一些突出的关键字句，如："月饼是这里面的基础资产。""月饼已经不光能吃了，它已经转化成为像我们看到的股票一样，可以交易、可以买卖的一个融资闭环。""这就是资产证券化的一个基础架构之一。"通过这些关键字句，我们就理解了"资本证券化"的实质。

2. 用下定义或做判断突出关键字句

这种方法主要是用一些简洁、明快的语言，对表达中的一些事物本质特征或一个概念的内涵、外延等，作出确切而概括的说明。

比如，在主持人大赛中，选手冯硕的3分钟自我展示的表达中，就有这样一句话："一张票是凭证，更是岁月的印记。"选手吴姗姗的表达中有这样一句:"'520',在外面是最美的情话,在这里是寂寞的誓言。"选手孟语凡的表达中也有这样的话:"在这个世界上,大多数爱人并不是同行,但这并不影响我们同心、同向、同行!"……这些都属于表达中的关键字句,既增加了语言的丰富性,又突出了主题特点。

需要注意的是,在突出一些关键字句时,尽量让这些字句紧扣听众的内心,必要的时候可以重复。在主持人大赛中,康辉老师在点评选手时就提出:如果某个信息是最核心的信息,你可以进行重复,目的就是强化这个信息,强化它在整个表述中的重要性。因为任何陈述或表达,都不仅仅是简单的陈述,而是有观点、有态度、有立场的,如果你觉得这些信息是对你的表达最有帮助的,那就不用怕重复。如果你的表达中没有一针见血或一下子戳中人心的内容,那么你的表达就很难引起别人的注意。

当然,如果是不适合总重复的内容,我们在表达的时候也可以通过加重语气、放缓语速等方式,对其进行强调,引起听众的注意。

3. 用关联词构建关键字句

我们平时说话所用的关联词很多,有些关联词就可以打造出关键字句,这些关联词包括"不是……而是……""不止……还有……""无……不……""不是……就是……""如果……就……""只有……才……""虽然……但是……"等。

比如，在主持人大赛中，选手刘慧凝的表达结尾时，有这样一句："每个人都曾经有或将要有30岁，这里（虽然）有等待，有焦虑，有痛苦，但更有方向，有热爱，有坚持。若人人三十而立，则祖国未来可期。"选手王嘉宁在一段表达的结尾处，也有这样一句："奶奶很让我感动，感动的不是因为早餐便宜，而是因为奶奶的这种坚守。"

这些字句通过关联词连接起来表达，都会让人印象深刻，并且还能对观点起到强化作用。

这类字句很多，平时我们也可以适当积累，以便在表达时可以信手拈来。比如：

"生活不止眼前的苟且，还有诗和远方。"

"百鸟朝凤，不是因为凤会搞人际关系，而是因为她是凤。"

"只有真实，才有直指人心的力量。"

"要是所有人都理解你，那你该普通成什么样子。"

"我们可以不仰望星空，但是没有人可以躲避日常。"

"如果每个人都活成一束光，中国就必将是一轮闪耀的太阳。"

"不仅要看高楼大厦盖得有多高、马路修得有多宽，更要看高楼下的人，他们的幸福感有多强、笑得有多甜。"

"匠心，就是在重复的岁月里，对得起每一寸光阴。"

"热爱之所以有力量,是因为坚守它就好,永远不要去想它会有什么结果。"
……

通过上面的总结我们可以看出,关键性字句其实就是一些凝练的语言,要让听众听得懂、记得住、有共鸣,从而更加易于接受你所传达的理念和观点。

说到这里,你也可能会担心,这些关键性的字句都比较凝练,对观点的表达也都是简单、粗暴的,那么它会不会很难把我们的观点讲清楚呢?

这个问题我们完全不需要太担心,因为在你的表达中,差不多有80%的内容都是在解释你的观点和想法,而关键字句的作用只是为了让你更好地总结和便于对方记住。所以,我们完全没必要钻牛角尖地去研究这些字句,或者"为了关键而关键",把本来可以用简单语句说出来的话说得文绉绉的,让人听起来矫揉造作,这就属于矫枉过正、画蛇添足了。即便是这些关键字句不能简单清晰地表达清楚你的观点也没关系,因为任何观点都不是绝对正确的,我们也不可能用一两句话就把一件事、一个观点完全解释清楚,有时候学会留白,给人以思考、斟酌的余地,也不是一件坏事。

表达有主次，精彩的内容要先说

不知道你身边有没有这样的同事或朋友，明明学富五车、才高八斗，私底下聊天滔滔不绝，头头是道，但只要一到正式场合，立刻就不会说话了，说得条理不清，枯燥无味，听的人一头雾水。很快，大家就对他的表达失去兴趣了。

为什么会出现这种状况呢？原因就在于他的表达方式有问题。尤其是在一些比较正式的场合，自说自话，没有主次和逻辑，表达起来自然就会一团糟。

如果想在一些正式场合表达时收到理想的效果，那么在说话之前，就要先在大脑中把即将表达的内容打打草稿，尽量让自己说出来的话主次分明，重点突出，非重点内容则一两句话带过，不要浪费太多时间。对于那些关键性的、精彩的内容，要尽量先说出来，从而吸引听众的注意力，为自己赢得更多表达机会。否则，可能就会让听众抓不住重点，听了半天也不知道你到底想说什么，或者不知道你到底是说给谁听的。

这里推荐一种"倒金字塔结构"的表达方式，可以让你在较短的时间内传递出最主要、最有价值的信息，让听众迅速了解你的意图，然后双方可以围绕主题展开有效沟通，从而提高沟通效果。至于那些次要信息，可以在后面的沟通中陆续表达出来。

不过，要运用这种表达方式，也要遵循下面三个原则：

1. 关键信息为先原则

倒金字塔结构就是要将最关键、最精彩的信息放在第一位去叙述。通常来说，如果你表达的是一件事，那么这件事的结果或结论就是最关键的信息，在表达时，你就可以先表达这个信息。

> 海尔集团创始人张瑞敏与新闻界名人艾丰是好朋友，艾丰就教张瑞敏在讲话时运用新闻写作中的"倒金字塔"法，并且还给张瑞敏讲了个故事：一个部落酋长带着族人去采摘，为了保证部落安全，他就让两个人到周围察看环境，看看是否有危险。两个人转了一圈后，没发现什么异常，就准备返回来。结果在返回途中，两人看到远处有两只老虎正往驻地走来，于是赶紧跑回去报告酋长。
>
> 那么，这两个人的第一句话该怎么说呢？是从头到尾

把事情经过叙述一遍吗?那可能等他们叙述完,老虎已经来到眼前了!所以,他们第一句话说的是:"老虎!两只!正向我们走来!"

艾丰是记者出身,而新闻报道最常见的表达形式就是倒金字塔结构,也就是先说最重要的事实。他用这个故事提醒张瑞敏,在工作中表达和沟通时,也要把最重要的话放在最前面说,而不是从东山说到西山,就是迟迟不提老虎。张瑞敏接受了艾丰的建议,之后在开会和对外讲话时,效率提高了很多。

这种方法很适合在汇报工作时使用,对于工作中的问题,领导最关心的往往也是解决问题的结果,而不是过程。所以,最好先把结果告诉领导,如果时间允许的话,再按照解决过程中信息的重要程度,依次向领导汇报。领导知道结果后,通常也会顺着你的思路听完你解决问题的过程。

如果要表达的不是一件事,而是两三件事,那么在表达时,也可以先说最精彩或最重要的那件事,引起对方的兴趣后,再去表达其他的事情。

2. 避免信息表达碎片化

倒金字塔结构的表述,是按照信息和内容的重要程度依次表述的,所以有时可能会使表达的信息和内容碎片化,缺乏系统性,导致后面的表述出现混乱。

要避免这种情况发生，在表述完重要信息或精彩内容后，对剩下的内容也要适当划分出主次，然后继续按重要程度进行表达，而不是东一榔头西一棒槌，让次重要内容和一般重要内容都混在一起，给人一种表达不够清晰的感觉。

在主持人大赛第一阶段第二场中，选手根据一段文字提示，进行了90秒即兴主持，这段文字提示的内容是：

> 2019年1月，97岁的中科院院士中国肝胆之父吴孟超正式从海军军医大学东方肝胆外科医院退休。退休前一年，96岁的吴孟超仍然坚持着每周至少三台手术的工作量，从医70多年，吴孟超救治了16000多位患者。因为一生都在做手术，吴孟超的双手指头已经出现了畸形。

选手是这样进行表达的：

> 看到这样一条新闻的时候，我注意到了两个数字，一个是70多年，一个是16000多位。我刚才简单地算了一下，这样平均下来的话，吴孟超老先生平均每天救治了一位患者，这个数字是多么令人敬佩和震撼！
>
> 那么通过这个数字，我又想到了另一位人物，那就是对我国国防科技事业有着杰出贡献的科学家林俊德老

先生。2012年5月31日,林俊德老先生因为癌症医治无效而过世,但是在他生命即将走完之前的27天,在他生命即将结束的前10个小时,他仍然坚持坐在电脑前工作、整理文件。为什么?因为他的电脑里有很多涉及国家核心利益的文件,同时他的电脑里还有他学生的论文。

　　他们都是伟大的奋斗者,我记得2018年5月31日,中央广播电视总台推出了一个特别节目,叫作《我奋斗,我幸福》。奋斗本身就是一种幸福,只有奋斗的人生才是幸福的人生,所以,让我们向这些伟大的奋斗者致敬!

　　表达结束后,康辉老师给出的点评是选手浪费了"吴孟超"这个题材。要知道,这篇即兴表达需要以给出的题材为主题,而选手只在开头部分简单复述了一下,把关于"吴孟超"这个题材当成了一个起点,并没有对其深入挖掘,之后就转到另一个人身上了。且不说这样的转折太仓促,后面的表达也显得太过于碎片化,偏离了主题,对主题深化程度不够。

　　所以,康辉老师给选手的建议是:开头提出关于"吴孟超"这个主题后,应该再深度挖掘一下,比如:吴孟超为什么要坚持到97岁才退休?他坚守岗位的初心是什么?甚至他的手指为什么会出现严重畸形……这些才是表达中最精彩、最主要的部分。表达完这些内容之后,再把这种精神转移到各行各业的其他人身上,进一步深化主题,才会让表达更有层次,也更有温度,主题也更加深刻。

这也提醒我们，在日常表达时，一定要把握好表达内容的主次，既要表达出精彩、重要的内容，也不要忽略了主次内容间的逻辑和比例。

3. 进行最后总结

在运用倒金字塔结构表达时，最后还要进行适当的总结，不过这个总结部分并不是最重要的内容，而是一些一般重要性的内容，或者是一件事情的细枝末节等。对方听到这部分内容时，需要获取的信息都已经全部掌握了，倾听的耐心也基本用完了，这时，适当对这次表达或沟通进行一个简单总结归纳，或者与表达的开篇部分呼应一下，再次强调最关键的信息，你的表达就完美地结束了。

整个表达过程因为运用了倒金字塔结构，就会显得既精准又快速，不会拖泥带水，也不会主次不分，给人以耳目一新的感觉。最重要的是，这样可以提升表达效率，让你的表达脉络清晰，详略得当，让人印象深刻。

控制好表达时的信息密度

信息密度就是你在特定时间内通过表达、交流传递出来的信息量的多少。在一定的时间内，传达出来的信息越多，就说明你的表达信息密度越高。由此，有些人可能觉得，自己表达时的信息密度越大，传递出来的信息就越有价值，所以我们也会看到，一些演讲大师、语言大咖在授课时，总喜欢说"我要让我的学员在最短的时间内学到更多的东西"，并认为只有提高表达时的信息密度，才是对别人的负责。

从性价比上来说，这种想法是没什么问题的，但从结果上来看，却并不见得有效。因为在书面表达中，我们可能会追求字字珠玑，让写下来的每一个字、每一句话都有用，不能有废话。即使有不明白的，也可以停下来思考一下，直到弄懂为止。但口头表达就没有这样的优势，所以在口头表达时，我们就要让表达内容尽可能口语化、简单化，避免过分书面的表达和过于密集的信息，以免让别人觉得你在故意卖弄，或者感觉你表达的内容过多，一时消化不了。

在这种情况下，我们就要控制好表达时的信息密度，甚至要适当降低信息密度，给听众一点缓冲和酝酿的时间，这不但不会影响听众对你的好感度，反而还能增强听众对你所表达内容的理解。只有听众听懂、理解了你的内容，你的表达才有意义，否则表达效果就不会好。

在主持人大赛第二阶段，某选手即兴主持了一次特殊的"对话"。评委陈伟鸿老师为选手出了一个题目，题目中有两个重要信息：一是秦始皇帝陵博物院获评"2018全国最具影响力智慧文旅景区"，通过数字博物院的形式，"让文物活起来"。二是数字故宫一次性推出7款数字产品，让600岁的紫禁城"燃起来"。为此，请选手"对话"故宫博物院院长王旭东、秦始皇帝陵博物院院长侯宁彬，请他们"谈谈"在这个互联网时代，是如何通过数字化和科技化的手段，改变了人们参观博物院的传统方式，让文物"活"了起来，让人们可以更近距离地感触到文物散发出的生动气息。

根据这个题目，选手是这样表达的：

……

首先让大家来猜测一下我们今天这期要对话的嘉宾，

他们到底是谁。先给一个提示语吧，他们两位，一位开启了中国几千年统一的封建王朝时代；另一位代表了中国数千年封建王朝时代的结束。他们一个是世界七大奇迹之一，另一个是目前世界上保存最完好、规模最大的古代宫殿建筑群。

……

相信很多朋友都已经猜到了，今天两位人物一个和秦始皇有关，另外一个和故宫有关，那我们今天的话题是什么呢？今天的话题叫作"历史与未来"。

我们会发现，随着《三体》被更多的人喜欢，随着《流浪地球》的热播，大家慢慢地把更多的注意力集中到了未来，那我们是不是可以做出这样一个判断，也就是说，从某种意义上来说，大家把对历史的注意力转移到了未来呢？今天我们要请出的这两位嘉宾，他们要告诉我们的是什么？是历史与未来其实可以做很好的结合。

于是我们可以看到，古老的秦始皇帝陵却有着年轻的秦始皇帝陵博物院，古老的故宫可以有着年轻的故宫博物院；于是我们可以让文物活起来，可以让文物数字化、智能化。这就是今天我们要聊的主要话题。我们也相信，其实不只是文物，不只是博物院，在历史与未来、古老与年轻这个问题的统一上，我们在中国也能看到答案。五千年的古老中国和七十岁的新中国，古老与年轻，今天我们好好聊一聊。

很显然，以"对话"的主题来表达，却没有真正的对话嘉宾，这个表达是非常困难的。因为如果有真实嘉宾在场，主持人就可以通过聆听、理解、提问、引导等步骤，完成各个话题和内容的起承转合，在这种情况下，主持人每句话中的信息密度、情感饱和度等，都会决定这场对话到底是否能够完美呈现。但由于这是一场比赛，没有真实嘉宾来"对话"，选手完全要靠自己来组织语言，完成表达，这个难度可想而知。所以，评委陈伟鸿老师首先对选手在表达时所做出的努力和突破给予了肯定。

但是，评委们也在选手表达时发现了其他问题，比如他忽略了题目所提供的大部分信息，如故宫已经存在600年、7款数字产品等，这些关键信息选手并没有在表达中体现出来。这样一来，在3分钟的时间内，他虽然表达出很多信息，信息密度比较高，但因为丢掉了其中的一些关键信息，导致信息价值就打了折扣。所以，评委们认为，如果选手能把与知识、科技相关的一些细节再强化一下，内容就更完美了。

既然信息密度直接影响表达效果，那我们在平时表达时该怎样控制好信息密度，让信息合理呈现呢？

通常来说，当人们在一个时间相对固定、空间相对独立的场所进行高效学习和思考时，往往需要高密度的信息，如果你是在这些场所中进行表达，可以让自己表达的信息密度大一些。除此之外，在其他形式的表达中，如日常交流、演讲、汇报工作等，信息密度就不需要太大，但要注意关键信息的有效传递。

具体来说，我们可以通过以下三种方式来合理控制自己表达时的信息密度：

1. 运用"二八"原则，保留"干货"

很多人在表达时都会有这样一种心理：如果对某个问题或事件表述得不够详细，对方可能就听不明白、理解不了，所以习惯于尽可能多地表达信息，把原本一句话能说清楚的问题，用三句话来解释，再用五句话来铺垫，最后还要加上几句话来说明可能带来的影响。殊不知，在这种情况下，对方就要花五倍甚至十倍的时间来听你讲述，到最后可能都会失去耐心，不断催促你"说重点"，或者直接质问你"到底要表达什么"。

这其实就是因为你所表达的内容信息密度太低了。虽然过高的信息密度可能会让人不容易理解和接受，但过低的信息密度、唠唠叨叨说个没完，表达同样低效。

在华为公司内部，大家在汇报工作时都要遵循一个原则，就是"两分钟内说不清楚的问题，说明没有思考清楚，下去重新准备"。这也是任正非对各个产品线负责人的基本要求。我们在平时表达时或许不需要遵守这样严格的规定，但在规定时间内尽可能展现有效信息还是很有必要的。而"二八原则"就是提醒我们在表达时要将80%的非关键性内容去掉，尽可能保留20%的"干货"。在这个过程中，如果对方对某些信息有疑虑，往往会主动向你追问细节，这时你再适当展开来与对方沟通；如果对方没有追问，要么是已经没有疑虑，要么就是觉得你表达的内容不重要，这时即便你把所有信息都表达出来，也不会引起对方的兴趣。

所以，不管要表达什么内容，在表达之前都要认真筛选提炼一下核心内容，有时信息越少，反而价值越高，表达也越有效。

2. 采取"总—分—总"结构表达，增强效果

人们在思考时，都习惯从一个整体框架的角度来进行思考，这就提醒我们，在表达时可以先提出总体观点，然后对这个观点进行分类论述，按图索骥地展现出你的内容。这样一来，即使你表达的信息密度再高，对方也不会感到混乱或遗漏信息。

> 2005年夏天，在斯坦福大学毕业典礼上，乔布斯作了一次演讲。在这篇演讲中，乔布斯采取"总—分—总"结构，用三个故事阐述了自己跌宕起伏、光芒四射的一生。
>
> 首先，乔布斯先用一段话进行了总述："今天，我很荣幸能和你们一起参加毕业典礼。斯坦福大学是世界上最好的大学之一，我从来没有从大学中毕业，说实话，今天也许是我生命中离大学毕业最近的一天了。今天我想向你们讲述我生活中的三个故事。"
>
> 在这里，乔布斯一上来就直奔主题，告诉大家他要讲三个故事，信息密度不大，但足够听众掌握要点。

接着，乔布斯就分别讲述了关于自己的三个故事，其中，第一个故事是关于如何把人生的点滴串联起来的；第二个故事是关于爱和失去的；第三个故事是关于死亡的。而这三个故事也不是完全独立的，它们都为他最后表明观点做好了铺垫。

所以，在最后的总结部分，乔布斯用一句话总结了自己的观点：求知若饥，虚心若愚。也就是提醒大学生们要保持谦虚的态度，不断学习，不断提高。

乔布斯的这篇演讲表达流畅、结构清晰，讲完后也不忘总结观点，听众可以清楚地了解到三个故事要传递出来的观点和整个演讲的逻辑结构。所以，这种方法既避免了表达时信息过于密集、内容混乱的风险，又强化了内容的强度，增加了表达的丰富性和实际效果。

3. 注意控制语速，让听众"抓住"关键信息

在主持人大赛第一阶段第五场，某选手在90秒即兴主持时，进行了一段表达，她的表达内容是：

欢迎您继续收看《出彩中国人》，接下来这个节目有一些特别。说它特别是因为：第一，演员年纪都比较大了，平均年龄74岁，最高年龄89岁；第二，他们有一个共同的名字叫"清华人"。

> 他们当中有将军，有高级工程师，有各个领域的精英，甚至是顶级的专业人员，但是我想告诉大家的是，他们今天要给我们带来他们多才多艺的一面，这个节目叫作《我爱你中国》。
>
> 今天的中国，当我们站立在960万平方公里的广袤土地上，当我们吸吮着中华民族漫长奋斗积累的文化养分，当我们聚合着14亿中国人民的磅礴之力，我想告诉大家，请我们用热烈的掌声有请出这个特别的节目，叫作《我爱你中国》，掌声有请"学霸合唱团"。

表达结束后，几位评委都有一个共同感受，就是选手表达时显得很慌张、急促，让人没办法完全沉浸其中，似乎是想赶紧说完，不出错就行。而这样的表达就会直接影响听众"抓取"信息的效果，听众会觉得你的信息密度太强了，自己无法从中抓住有效信息。听众没理解、没领会，那么你的表达自然就不算成功。

所以，在表达时还要注意语速的把握，在重点内容处说得慢一些，一般性或不重要的内容可以说快些；画龙点睛的话语要更慢一些，甚至适当停顿一下，给听众以回味的空间。这样，才能实现信息传递价值的最大化。

言之有物是言之有理的基础

在表达过程中,我们都希望可以说服听众接受我们的观点,为此也会给出很多理由、论据等来阐述我们的观点,让对方找不出破绽来,这也就相当于我们常说的"有理走遍天下"。但是,如果你只想用大道理来说服别人,却缺乏有效的案例、科学的数据等,可能就很难让人信服。所以在表达时,不但要言之有理,还要言之有物。

美国斯坦福大学组织行为学博士科里·帕特森说:"事实是最不会引起争议的内容。"沟通表达时善于以事实为基础,就能让你表达的观点和理论具备高度的客观性。而事实就是你表达时的"物",与个人主观提出的"理"相比,事实往往更具有说服力。

关于这两种不同的表达方式,在主持人大赛新闻类的决赛阶段，选手邹韵和白影分别从不同的角度进行了分析阐述，她们阐述的主题就是：作为主持人，在表达时是更应该言之有物，还是更应该言之有理。

首先阐述的是选手白影，她选择的观点是：主持人更应该言之有物。我们一起来看一下她阐述中的一部分内容：

> 作为主持人，更应该言之有理还是言之有物？我想都很重要，但是"物"比"理"更重要，因为"物"是"理"的基础，理是来自于某一样事物。这不是谁告诉我的道理，这是我通过多年的实践得出来的一个经验。
>
> ……
>
> 有网友说了，有的人知道那么多道理，但是依然过不好这一生。为什么？和大家分享一个我的小故事：
>
> 2017年，我主持杭州市道德模范的颁奖典礼，有一位86岁高龄的老人家，名叫王坤森，他依靠捡垃圾资助贫困大学生完成学业。我在台下跟他沟通，我说老爷子，每个人都得上台发言，这是我们的一个规定动作，您需要告诉我，您为什么要做这件事情，做这件事情您遇到了哪些困难。老爷子说，我真不想去宣扬什么，这就是我应该做的。直到一位导演站了出来，跟他说了一番话，他说，王爷爷您看，今天现场有1000名观众，每个人，我给您数了一下，每个人出1块钱，就有1000块钱可以给这些大

学生。您想想，通过电视转播还会有上万名的观众看到我们的节目，这能够帮助到多少人啊！王爷爷听了特别激动，在台上抢过我的话筒说，年轻人们，你们要加油，祖国的未来是你们的，你们是祖国的希望！

我当时特别感动。我认为，这就是言之有物的道理。其实老爷爷无比珍视的这一个机会正是我们每天的工作，我们希望能够用一个故事去"脉动"一群人的心，集合一群人的心，去做一件对社会、对国家有价值的事情。

接下来阐述的是选手邹韵，她选择的观点是：主持人更应该言之有理。她是这样表达的：

> 著名作家梁晓声曾经说过，"我们每一个人都有一个现实家园，唯有书本可以构建一个精神家园"。而在我看来，一个优秀的主持人更应该构建一个丰富的、深邃的精神家园，在这个精神家园当中，"物"不是唯一的，也不是最重要的，"理"反而是更加重要的一部分。为什么？因为主持人不仅仅是一个简单的新闻事件的观察者，也不仅仅是一个时代的记录者，好的主持人一定要懂得讲出"物"背后的道理、内涵和一些更加深邃的东西。
>
> ……
>
> 主持人要做到的，不是我们所有人可以看到的那一幅

风景，我们要解释的是风景背后的道理、风景背后的事实，这是什么意思呢？言之有物的人说，你叫什么名字？我说我叫邹韵；而如果他去问撒贝宁老师这个问题，他作为一个言之有理的主持人就会说，莎士比亚曾经说过："What's in a name? That which we call a rose by any other name would smell as sweet.""名字是什么？就是不管我们把玫瑰叫什么名字，它都是那样的芬芳。"言之有物的人会说，这些花一样，这些人不一样；但是如果你去问言之有理的董卿老师，她可能会说，年年岁岁花相似，岁岁年年人不同。一个人受到了一些挫折时说，我被怼（duǐ）了，我遇到挫折了；但是如果你去问康辉老师，他可能会说，那个字念怼（duì）。同时泰戈尔曾经说过，世界以痛吻我，我却报之以歌。

所以在我看来，一个主持人，一个优秀的主持人一定要言之有理。言之有物是最基本的要求，而言之有理应该是一个优秀主持人毕生的追求。

这两段表达放在一起，简直就像是一场辩论赛，但分别阐述的过程也蕴含了对不同观点的探讨。所以在表达结束后，评委康辉老师给出了精彩的点评，他认为，作为主持人，如果仅仅是言之有理，就会失去温度；但如果仅仅言之有物，又可能失去高度。所以，主持人需要把故事、情感、道理及升华都融合在一起，表达出来的语言才更有力量、更加动人。其他评委在点评时，则对这个话题直接给出了观点，就是：言之有物是言之有理的基础，言之有理是言之有物的升华。简而言之，我们需要先把一件事情说清楚，才能从这件事中总结和提炼出一些有价值、有意义的道理。这个观点不仅适用于主持人的主持，同样适用于我们日常的沟通和表达。

那么在日常的表达中，怎么才能做到既言之有物，又言之有理呢？

一般来说，我们可以在下面两点上多加努力。

1. 表达既要有重点，也要有观点

我们平时与人沟通交流时，就会发现有的人说话完全没有重点，说了半天，也不知道他究竟要表达什么。这样的表达就是既没有重点，也没有观点，自然也谈不上言之有物和言之有理了。所以与这样的人沟通，尤其是在工作或业务方面的往来沟通时，你会感觉很累、很苦恼。

这也从另一角度提醒我们，在表达沟通过程中，一定要言简意赅，最好能尽快进入主题，否则别人听半天也听不懂你的话，就会对你的表达失去兴趣。

2. 用具体故事来阐述道理

在表达过程中讲述生动的故事，往往最容易打动听众的心，也最容易影响听众的情绪，从而也最容易接受你从故事中衍生出来的

道理、观点。上文中白影在阐述自己的观点时，就讲述了一个感人的故事，继而再将故事与情感、道理结合在一起，听众听完后也更加容易接受和认同。

我们在平时的表达中，同样要学会讲故事。因为道理本身都是冷冰冰的，人本身也是有偏见和认知盲区的，但只要你能通过故事把人们带入一个感性世界中，人就会变得感性、情绪化，也就更容易被你的故事打动，与你产生共鸣。接下来，你再摆出相关的事实、数据、图表等，运用理性思维来阐述你的观点或结论。这时，只要你言之有理，你的观点、结论就会入侵听众的大脑，不知不觉中便完成了对他们的偏见和认知的改变，通过故事折射出自己的观点或道理，让听众心甘情愿地接受，又何乐而不为呢？

情感带入

表达需要情感支撑

第5章

> 表达一段话,最重要的就是传达信息,传递情感,或者说传播道理,传播理性。
>
> ——鲁健

好的表达就是会讲故事

在沟通表达中，我们往往需要向对方传达一定的观点或道理，但如果你直接把观点告诉对方，或直接给对方讲一堆道理，可能没人愿意听。即使听了，也会很快忘记。如果你先给对方讲个故事，用故事做铺垫，再从故事中延伸出自己的观点或道理，那么就容易吸引对方，让对方的情绪产生变化，甚至深深地打动他们的心。所以从一定程度上来说，好的表达就是讲故事。

在主持人大赛第一阶段第二场，新闻类选手周瑜在3分钟自我展示环节，就讲述了一个很好的故事：

从瞬间看人间，我是今天的讲述人周瑜。

2010年8月，甘肃省舟曲县突发泥石流，一夜之间，小半个县城被冲没了,我去现场报道。两天之后,我精疲力竭,随身带的方便食品也吃完了,去买,第一家小卖店连水都卖光了,能喝的只剩下啤酒。第二家卷帘门已经拉了下来,好不容易敲开了,一看柜台都空了,我正准备走,柜台里的大姐突然用浓重的甘肃口音问:"姑娘,哪儿来的?"我顺手指了指袖子上的台标,"上海过来的。"大姐突然显得有点儿急,说:"你等等。"然后就转身进屋了。再出来时,她拿着一个塑料袋往我手里塞,说:"谢谢你们从那么远过来报道我们,家里也没多少吃的,拿着!"那个有点儿旧的塑料袋里装着三张这么大、这么厚的饼,很干、很硬,真的不能说是好吃,可是那个口感我一直记着。我只是做我的本职工作,却让一个身处不幸的陌生人充满了感激,这份工作我得对得起它。

我真的希望,当年的大姐能看见今天的节目,我要告诉她,当您给我饼的那个瞬间,那个初出茅庐的小记者明白了,新闻不只是客观的数据和事实,那背后是一个个活生生、有温度在努力生活的人,关注他们的境遇是我的职责。

……

这是一个真实的、令人泪下的故事,但试想一下,如果主持人直接对观众说"新闻需要数据和事实,关注各类人物是我们的职责",你会认为这样的表述有说服力吗?显然与讲一段故事后再引申出观点的效果是大大不同的。所以,周瑜后来说:"作为新闻主持人,可能会遇见很多的故事,我觉得我现在最重要的事就是做一个很好的讲故事的人,把它很真实、很完整地告诉大家。"

实际上,不仅主持人在主持时要学会讲故事,我们在日常表达时也要学会讲故事,就像撒贝宁老师说的那样:"不管是用什么样的语言讲述,讲述故事本身就是在分享人生。"喜欢听故事也是人的天性,故事可以传达出其他语言所传达不出的情感,让表达者与听众之间建立联系,产生认同感。不仅如此,故事还能让表达者形象地表达出观点,而不需要自己再刻意讲出来。

那么,想在表达中讲好故事,要满足哪些要求呢?

总体来说,能引起人们共鸣的故事应该要满足以下几点要求。

1. 故事要真实

任何形式的表达,都是一种信息传播的过程,所以内容的真实性很重要。在表达时,你所说出来的话应该有理有据,所有的数据、时间、地点都要核实清楚,而不是信口雌黄,或者为了图省事儿,随便从网上找几个故事,当成自己的故事来讲,这样的表达是难以吸引人的。因为不是来源于真实的素材,你就没办法讲出细节,而没有细节的故事也不可能生动,最终表达只能沦为夸夸其谈。

上文的案例中,选手周瑜就讲述了一个亲身经历的故事,也正因为是亲身经历的,她才能把故事中的细节、自己在故事中的真实感受等表述出来，引起听众的共鸣。就像敬一丹老师说的那样："我们讲故事的时候，自己在里面，这个故事的力量就完全不一样了。"

在主持人大赛第一阶段第四场，选手高凡在3分钟自我展示环节，也讲了一段自己亲身经历的故事：

> 我来自央广"中国乡村之声"，今天就跟各位聊一个情感鸡汤话题——"遇见更好的自己"。
>
> 这事儿其实挺难，因为这个世界没有对比就没有伤害，比如找工作，我师弟都去卫视播《新闻联播》了，而我在血气方刚的年纪开始做一档乡村夜间情感节目。我太难了！而且人家是满世界出差，我上个月采访最远去的是昌平。更别提那些曾经看不起你，把你当坨牛粪的人，你拼了这么多年终于向他们证明——他们是对的，我真的在淘牛粪。
>
> 既然人生已经如此艰难，那不如去看看别人是怎么活的吧。这些年我几乎去过了每一个省份的农村，在《乡村夜话》里对谈了很多"有趣的灵魂"。2017年，我到甘肃采访石节子村美术馆馆长靳勒，他一个艺术家回村当起了村长，要用现代艺术来改造乡村。第一次见面时，靳勒正拿着一个圆柱形的工具捶地，我一看这是个行为艺术啊，"咔咔"一顿拍，赶紧问："这个作品想表达什么？"他特

别认真地对我说:"我在修路。"也对,让村民搞艺术,先得能糊口吧,而且培训、宣传、策展样样都需要砸钱。不过靳勒毕竟是个见过大场面的艺术家,他还特意给我看他城里的房、收藏的画儿和雕塑,然后云淡风轻地跟我说:"这些都卖了。"就这样,搞艺术的钱有了,但还是不够。靳勒又打遍了朋友圈的电话,结果就有了25位当代艺术家来到石节子生活,和村民一起创作。

这下可火了。这些组合"出道"后,不光一起参加艺术展,还让石节子第一次有了游客、第一次修上了水泥路。

石节子美术馆成立11年了,你说靳勒图个啥?他说,不是为了满足自己"艺术家的幻想",而是真的想改变家乡。也对,都说"扶贫先扶志",谁说农民致富就不能靠艺术细胞?向日葵不就成就了乡村里的凡·高吗?

这些年,我还在很多农村见过很多"靳勒",他们"一身土气",成为乡村振兴的支点,也用"一世情怀"带给我震撼和成长。所以,"遇见更好的自己"不一定非得是得名得利,也可以是回家捶地、下乡从艺、比赛晋级!

这个故事讲完后,评委鲁健老师给了一个非常有趣的点评:"高凡是村里最有才的那个",并且认为高凡的故事讲得特别好。主持人和他所讲的故事融为一体了,这就是故事真实性所展现出来的效果。

2. 故事要是身边的新鲜事

不管在任何时候、任何场合下讲故事，老生常谈的故事都提不起听众的兴趣。那些新闻事件之所以容易被关注，就是因为它们具有时新性、够新鲜。所以，要想在表达中讲故事，就要尽量选择离我们更近一些的故事，这样的故事才更有借鉴的意义，更容易引起听众的共鸣。

这里说的"近"，不但是指时间上的"近"，还有距离的"近"或关系的"近"。比如，我们要讲自己身边人的故事，如我们的父母、同事、朋友、邻居等，这要比讲陌生人的故事或名人故事更能让人产生代入感。

3. 故事要有起伏

我们在表达中的所有故事，归纳起来其实都是个"打怪兽"的故事。从"怪兽"出现到经历失败，苦练武功，最后打败"怪兽"，这是永恒的故事模板。

所以，在讲故事时，不但要开好头，还要有起伏的故事情节、矛盾冲突的场景，以及对细节的捕捉和心理活动的告白，这样的故事才能吸引人。

在主持人大赛第二阶段第三场，选手龚凡需要根据给出的信息进行经典节目《朗读者》实战考核，而信息内容是：许渊冲，北京大学教授，翻译家，翻译集中在中国古诗英译，被誉为"诗译英法唯一人"。根据这段信息，龚凡就在里面讲了一个跌宕起伏的故事：

2013年夏天,一个学生拿着一首诗来问我,说:"老师,你能不能给我解读一下这首诗背后的意思?"我打开一看,(英文)这是取自《牡丹亭》里边的一段经典唱词:"情不知所起,一往而深,生者可以死,死可以生。"而有机会让外国友人看到我们如此灿烂、美妙的中国文字的,就是接下来要为大家请出的这位嘉宾。他一共译注了120多部巨著,他就是已经98岁高龄,被誉为"诗译英法唯一人"的许渊冲老先生。

　　可能大家不知道,他与翻译的结识仅仅是因为追求一个女孩儿,翻译了一首林徽因的诗《别丢掉》,姑娘没追到无所谓嘛,但最后他成了一代翻译大家。在2007年的时候,不幸降临,他被查出了结肠癌,医生宣布他的寿命仅剩7年。2014年,是他的生命被宣判终止的那一年,大家知道吗?他获得了翻译界的最高奖项——"北极光"杰出文学翻译奖。在过去7年间,他没有一天停止过翻译,这是怎样的一种精神?这是青春的力量。

　　……

　　在这个故事中,选手没有平铺直叙地来讲述,而是让故事有悬念、有冲突、有起伏,最后得出观点。这样的故事才能紧紧抓住听众的注意力,吸引听众跟随你的思路专注地倾听,就像莫言在获得诺贝尔文学奖后说的一句话:"我是一个讲故事的人,因为会讲故事，所以我获得了诺贝尔文学奖。"

所以，想让你表达的内容吸引人，就要让你讲的故事跌宕起伏、生动有趣，而不要去干巴巴地陈述，也不要空口无凭地讲道理。只要把故事讲好了，还愁你的表达不能打动听者的心吗？

4. 故事要少而精

有的人在表达中讲故事，总是想要突出很多人、很多事、很多细节，结果人物多了、事件多了、细节多了，可是听众根本记不住，这样一来，你的故事就等于白讲了。

表达中的故事一定要详略得当、重点突出，而且主角只能一到两个，不能"雨露均沾"。一般来说，要将展示个人形象和群体形象相结合，并且以讲自己的故事为主，别人的故事为辅，故事也要尽量少而精，这样有选择、有取舍地讲，才能成就精彩生动的故事，才是真正有效率的表达。

总而言之，任何表达中的故事都是带着使命出现的，这个使命就是它要说明什么、表达什么。如果你的故事讲完后，听众完全不明白你所表达的是什么意思，那么你的故事就没讲好。所以在讲故事时，还要随时随地把自己的观点融入其中，它可以体现在人物语言里，也可以体现在人物的心理活动中，抑或是表达者的评论里。虽然好的表达就是要讲故事，但我们也不能为了讲故事而讲故事。

讲故事要遵循"黄金抛物线"

我们发现,有的人讲故事,可以把故事讲得精彩动人,有的人却讲得寡淡无味,为什么会这样呢?

我们不妨想一下,我们看电影时为什么会很少感觉累?原因就是电影中的故事总会让我们充满期待,我们也总能跟随电影情节的跌宕起伏而产生相应的情绪变化。当然,这其中有音效的作用,而更关键的是我们可以看到场景的变化,可以听到人物的语言,甚至可以感受到整个故事的跌宕起伏。沟通表达虽然不能呈现画面,但一个善于表达的人却能在听众的脑海中"刻下"画面。

怎么"刻"呢?就是运用语言的力量呈现出故事的全貌,将故事的画面反射到听众的脑海中。

当然,要做到这一点,就要在表达时对故事精心设计。在主持人大赛的新闻类总决赛中，评委曾谈到一个讲故事的技巧，这个技巧共分为"六步走"，分别为：设定情节、进入话题、引发冲突、进入高潮、解决问题、给出结论。这六步也被称为是讲故事的"黄金抛物线"。

接下来，我们就以主持人大赛第一阶段第三场录制中，选手依利米努尔·艾麦尔江在3分钟自我展示环节所讲的一个故事为例，来分别了解一下这六步要如何走：

听故事印初心，欢迎收看今天的故事，我是小米。

熟悉小米的朋友应该都知道，我来自新疆。一提到新疆和新疆人，大家的第一反应是不是这样："朋友，羊肉串羊肉串。"或者是这样（《新疆吆喝》跳舞），谢谢大家。

但是，今天小米要给大家讲述的是一群不一样的新疆人的故事。

在2000年，15位从河北师专毕业的年轻人只因一句"我们那儿真的很需要老师"，就辗转奔波5000公里来到了新疆塔克拉玛干沙漠最南端的小镇——且末县。刚到且末时，他们因为极度干旱的气候而嘴唇干裂，甚至每天都在流鼻血。一年200多天的沙尘天气更是让人受不了。沙尘暴严重时，一连好几天都要停课。这让他们明白了，且末县恶劣的自然环境是缺老师的重要原因，但他们却义无反顾。

虽然选择了大西北,但他们心里依然挂念着远方的家人。2011年,辛忠起老师的母亲突发脑梗,瘫痪在床。辛老师望着病床上的母亲,一句话也说不出来,他多想留在母亲身边照顾她,但是他没有办法,因为孩子们要开学了,他得回去。2017年5月,辛老师的母亲病情加重,但他因为放心不下正在高三备考的百余名学生,晚归了十几天,没能见到老人最后一面。

2014年,习近平总书记听说了他们的故事,给他们回了一封很长的信,信中这样说道:"好儿女志在四方,有志者奋斗无悔。让青春之花绽放在祖国最需要的地方。"他们都是平凡的人民教师,用自己的青春灌溉着沙漠里的那些"小红柳"。

我,就是那些茁壮成长的"小红柳"中的一员,李桂枝是我的初中班主任,侯朝如是我的高中班主任,辛忠起是我的语文老师。他们正在用自己的奋斗故事告诉大家:"只有荒凉的沙漠,没有荒凉的人生。"

这个故事讲完后,几位评委都给予了较高的评价,评委康辉老师则指出:"前面听的时候我觉得这个故事挺感人,但真真正正砸在我心里的是你说自己就是那些'小红柳'当中的一个,这三个老师都是你的老师,所以,今天当我们看到舞台上一个这么阳光、明媚、健康、美丽的姑娘时，我们就更能深深地理解那些老师，他们的付出，他们带来的教育和爱的力量，到底有多大。"

那么，这个故事是如何设计的呢？

1. 设定情节

情节是故事的表现与经过，只有故事情节丰富、细致，才能吸引听众的注意力。我们在看完一场电影时，经常会说"这个电影情节设计不错"，情节设计巧妙的电影可以给观众留下深刻的印象，而情节散乱的故事却像水滴渗入沙丘，转眼就消失不见了。可见，在一个故事当中，情节设定是多么重要。

在沟通表达时，故事情节的设定一般包括三个要素：主角、目标和事件。

首先，主角是故事的灵魂，一个故事要有情节，引人入胜，其中必须有让人印象深刻的主角。这个主角可以是你自己，也可以是你的家人、朋友、同事，或者是你熟悉的人、让你印象深刻的陌生人。但是要注意一点，要想让故事吸引人，故事主角就要是听众能感到与自己有某种关联，或是具有大家都喜爱的个人魅力的人。这样，他们才能想象自己与故事主角的处境是相同的，或是对这样的人产生喜爱、敬佩等情感认同，从而引起共鸣。当然，如果故事主角中有你自己，那么这个故事就更有一种别样的魅力了。

对上面案例中的故事，评委敬一丹老师就指出，这个故事之所以吸引人，就在于讲述者自己在里面，这样故事的力量就完全不同了，这大大增加了故事的真实性和生动性。大家通过她的讲述，对故事里的人物有了新的认识，这一点是非常可贵的。

其次，目标是故事的动力，没有目标就没有故事。不管你的故事中出现的主角是谁，这些主角都要带有特定的目标。比如上面的故事中，主角之一的辛忠起老师的目标就是帮助更多生活在沙漠之中的新疆孩子摆脱恶劣的环境，拥有更好的人生。有目标才会导致行动，行动才能让情节得以流动起来，最终推动故事的进展。

最后，所要讲述的是事件，这也是故事的基本单元。有事件才能构成故事情节，向听众传达出某种信息。比如上面案例中，"15位从河北师专毕业的年轻人奔波5000公里，来到新疆且末县"就是一个事件，由这件事又构成了一些情节，这些情节就向听众传达出了且末县恶劣的自然环境，以及老师们义无反顾前来支教的高尚行为。

2. 进入话题

话题是你讲的故事所要表达的主题，只有准确地切入话题，做到中心明确、突出，才能有的放矢地进入接下来的内容。

在上面的案例中，选手交代完故事主角、目标和事件后，接下来便很自然地切入主要话题：

> 刚到且末时，他们因为极度干旱的气候而嘴唇干裂，甚至每天都在流鼻血。一年200多天的沙尘天气更是让人

受不了。沙尘暴严重时，一连好几天都要停课。这让他们明白了，且末县恶劣的自然环境是缺老师的重要原因，但他们却义无反顾。

"且末县恶劣的自然环境是缺老师的重要原因，但他们却义无反顾"，这样一句话，就点明了这个故事的主旨，让内容立刻提升了一个高度。

3. 引发冲突

讲故事一定要有矛盾冲突，这个冲突可以在开头讲，也可以在中间部分讲，它通常是故事中人物所遇到的一个问题或困难。如果故事平铺直叙，毫无波澜，没有任何矛盾冲突和悬念，那么故事听起来就会索然无味。有了冲突，听众才会期待你继续往下讲。

比如在TED演讲中，有一位演讲者讲了这样一段故事：

在我8岁时，有一次，父亲带我去捕鱼，当时我们乘坐一艘小船。当暴风雨来临时，我们距离海岸有5英里（1英里约为1.61千米）远。父亲给我穿上救生衣，在我耳边悄悄说："孩子，你相信我吗？"我点点头。然后，他把我推下了水……

我落入水中，在救生衣的作用下浮出了水面，但我感觉呼吸十分困难。海水刺骨的冷，海浪汹涌，太可怕了！

> 然后……

在这个故事中,演讲者设置了一个大大的悬念,为听众营造出了一种紧张甚至窒息的感觉,所有人这时都非常紧张,急切地想要知道:他们到底发生了什么事?后来怎么样?接下来,他们也一定会更加专注地听下去。

同样,在主持人大赛的故事中,辛忠起老师的母亲病重,辛老师却因为支教而无法在母亲身边陪伴照顾,这就产生了一个冲突,从中既体现了辛老师对母亲的担心和愧疚感,也体现出辛老师对自己工作的热爱和重视。讲到这里,听众就会很期待:辛老师到底会做出怎样的选择?其间会不会发生其他情况?

接着,故事便进入了高潮阶段。

4. 进入高潮

高潮是沟通表达的最高阶段,表达者要将最精华、最动人的思想情感在这个阶段爆发出来。只有善于在故事中制造高潮,才能调动起听众的情绪,激发听众的共鸣,从而形成感人的那一刻。

比如在上面的故事中:

> 辛老师望着病床上的母亲,一句话也说不出来,他多想留在母亲身边照顾她,但是他没有办法,因为孩子们要开学了,他得回去。2017年5月,辛老师的母亲病情加

重，但他因为放心不下正在高三备考的百余名学生，晚归了十几天，没能见到老人最后一面。

这段内容就是故事的高潮部分，听众也会被这段话深深打动，既为了辛老师无法照顾母亲的痛苦心情，也为了辛老师的艰难选择，更为了辛老师因为照顾高三备考的学生，没能见到母亲最后一面而感到遗憾。至此，故事便被推向了一个最高潮。

5. 解决问题

评委鲁健老师在主持人大赛中点评选手时曾说过：我们在表达一段话时，通常既是在传达信息，也是在传递情感、传播道理、传播理性。这句话的意思是说，任何表达都不是为了表达而表达，而是要透过故事传播某种情感、道理或理念，或是导出某种方法，或是解决某个具体问题，或是引发听众对问题进一步思考。在故事高潮部分结束后，接着就要进入解决问题阶段，延伸出自己想要让听众接受的那部分内容，或是你最终要讲给听众的道理。

上文的故事在高潮部分结束后，选手接着便进入解决问题阶段：

2014年，习近平总书记听说了他们的故事，给他们回了一封很长的信，信中这样说道："好儿女志在四方，有志者奋斗无悔。让青春之花绽放在祖国最需要的地方。"

这里，选手通过前面的故事传达出了这些支教的老师一生对自己事业的热爱与付出，同时也表达了总书记对这些支教老师的赞赏之情，引发了听众对中国教育事业的进一步思考。

6. 给出结论

给出结论通常紧跟在"解决问题"后面，有时也会与"解决问题"融合在一起，主要是为故事中的人物或事物下一个最后论断，或是对自己、对听众提出期望，是对整个表达主题的升华和总结，以求给听众留下深刻的启示和启迪。就像上文故事的结尾，就是对整个故事的一个升华，通过讲述自己就是"小红柳"中的一员，辛忠起老师就是自己的老师，以小见大，由表及里，既表达了对老师们的感激之情，也阐述了故事的精髓"只有荒凉的沙漠，没有荒凉的人生"。

在讲故事时，如果你做到了以上六步，那么你的故事就可以实现结构起承转合，内容有血有肉，既能让听众更加信服，也更容易激发听众的情绪，引起听众的共鸣，让听众接受你的观点。

让别人感受到亲和力

有的人说话总让人提不起兴趣，令人不愿意往下听，甚至中途就找个借口离场。如果你也曾经遭遇过这种情况，那么或许不是你表达内容的问题，而是你在表达时的声音、情绪等让人感觉枯燥和冷漠，很难让人对你的表达产生好感。这也是为什么现在智能语音的功能越来越强大，却永远也代替不了一个有血有肉的人说话的感觉，因为我们的耳朵天生就喜欢有温度、有情感的音源，我们的眼睛也天生就喜欢表情丰富的面孔。机器的声音都是将字词生硬地拼凑在一起，给人一种冷漠、呆板的感觉，如果你在说话时也是毫无情感，那就跟一台机器没什么区别，甚至不如一台机器，至少智能语音的音质还是很好听的。

这就提醒我们，在表达时，一定要让自己的声音有温度，让人听起来感觉温暖。很多主持人都会花费很大的精力去练嗓、练声，以便获得能让听众感觉舒服、有亲和力的音质。同时，如果要面对听众表达，还要让自己的表情配合内容，表现出一定的情感，这样才能更好地带领听众进入你的表达当中。

在主持人大赛第一阶段第四场，选手王嘉宁要根据一道题目，进行一段90秒钟的即兴考核环节。这道题目的内容是：86岁的早餐奶奶毛师花，她的早点摊上，香肠、粽子、蛋饼、糯米果、豆浆、稀饭，一律5毛钱一份，坚持了28年从未涨过价。毛师花卖早餐不仅没有挣钱，还把自己每月1000多块钱的抚恤金也搭了进去，但她却越干越起劲，因为她喜欢听孩子们喊她一声"奶奶"。28年来，除了生病，她风雨无阻，从不停歇。她说，她会将这个早点摊一直开到自己做不动的那一天。

根据这段资料，王嘉宁进行了这样一段表达：

欢迎来到全媒体热搜，我第二条的关键词叫"早餐奶奶"，就是图片中这个和蔼可亲的老人。有人会问，早餐奶奶的早餐有啥特别的？确实，特别便宜。因为不管是豆浆、油条、粽子，还是香肠，统统5毛钱，重点是28年没变过。28年前买，这些东西5毛钱可能挺划算的，但是28年后，5毛钱可能连一口蛋饼都买不来了。所以，这个奶奶每个月就把自己1000多元的抚恤金都搭进去了。

奶奶这种坚持是为什么呢？她自己给的解释是：她很

喜欢听这些孩子叫她一声"奶奶",而且她还有一个小小的梦想,就是希望把这个早餐摊开到自己做不动的那天。奶奶很让我感动,感动的不是因为早餐便宜,而是因为奶奶的这种坚守。

其实,在我们祖国的各个岗位上,在角角落落里,都有着这样一群坚守的人。不论是我们看到的十字路口风雨无阻执勤的交警,还是危难关头人民需要帮助时出现的武警战士、消防战士,又或者是科技国防力量,那些默默无闻的科学家,他们都在坚守着。而这些人都是普通的平凡人。

如今,我们"90后"也慢慢步入各个岗位,我们要做的,就是学会他们的初心,学会他们的坚守,注入我们的活力。我们这些平凡人加上"坚守"二字,这股能量汇聚起来将注定不凡。

这段表达结束后,评委几乎一致认为,王嘉宁的表达非常接地气,交流感特别强。鲁健老师更是直接表示,这段表达连大爷大妈都能听懂,这也是主持人在舞台上的一种特别难得的魅力。所以,王嘉宁的这段表达也深深地吸引了现场评委和观众的注意力。而且,王嘉宁在表达的时候整个状态都很松弛、不做作,这就会让人不由自主地感觉到亲切和可信。这一点对于主持人来说是非常重要的。

亲和力对于我们普通人在表达时同样重要，它可以迅速拉近我们与听众之间的距离，使对方在很短的时间内就能对我们消除戒备，敞开心怀，这也在无形中让听众对我们产生了接纳感和认同感。在此基础上，如果我们的表达内容再生动一些，就很容易将对方带入我们的表达之中。

那么，我们怎样才能在表达中拥有亲和力呢？

其实，亲和力是可以后天培养的，方法很简单，就是对一些具有亲和力的表达形式和表达语言进行学习和模仿，自己再多加练习即可。你也可以尝试下面的方法，相信对你的表达会有所帮助。

1. 在表达时保持自然、真实的状态

在主持人大赛第二阶段第一场比赛中，选手王嘉宁要根据评委的即兴出题，进行3分钟自我展示。这场比赛的出题人是中央广播电视总台英语环球节目中心主持人刘欣老师，她给王嘉宁出的题目是根据两个视频来聊一聊中国与世界文化交流的情况。视频中有两个信息，一个是剑桥大学女孩邓扶霞研究川菜20余年，作品4次荣获国际烹饪写作大奖；二是75岁的徐秀珍奶奶当了22年导游，能用10种语言与外国游客交流。

根据这段信息，王嘉宁进行了一段精彩的即兴主持。表达结束后，评委刘欣老师认为，选手表达清晰、流畅，而且选手"给人感觉很自然，没有任何矫揉造作的地方"。

实际上，在任何一档节目中，优秀的主持人都要做到自在、真

实，让自己的主持或表达像正常的说话、呼吸一样自然，而不需要刻意模仿别人，否则就无法形成自己鲜明的个性。而要做到自然、真实的状态，首先要有一个好的心态，能用平等的态度对待听众，既给予观众应有的尊重，也保持自己的尊严。这种坦诚的心态，就是流畅表达的前提。中央广播电视总台著名主持人刘欣老师在主持英语时事评论栏目《视点》时，经常会到事件现场去进行新闻报道，并且以主持人或评论员的身份就热点话题与中外嘉宾展开讨论。2019年5月30日，刘欣老师与美国福克斯商业频道前主持人翠西·里根的一场对话，让刘欣老师本人受到前所未有的关注，有关话题还多次冲上微博热搜榜甚至达到榜首。但是，在主持和访谈过程中，她从不因为被访问者是某国元首或高官而面露谄媚之态，而是一直以一种坦诚自信、有理有节的姿态与对方交流，在关键性的问题上更是勇于发声、敢于交锋。正因为如此真实和自然，她也被很多人喜欢。

在日常表达时，我们也要借鉴主持人的这一状态，在表达时积极调整自己的心态，让自己呈现出最自然、真实的状态，而不是矫揉造作或刻意模仿那些大牌主持人，这种状态才是与听众生活最贴近的状态，也会让听众感受到亲和力，从而更容易接受你的表达。

2. 恰到好处地拉近彼此距离

任何人都喜欢听赞美之词，所以不管是在表达自己的观点时，还是与他人建立关系时，适当的赞美都是很有效的。

比如，在文艺类选手尹颂出场时，主持人撒贝宁老师调侃说："现场的欢呼主要是冲颜值，至于实力，稍后就看你的了。"这位选手机灵地站到撒贝宁老师旁边，说："咱们俩站一块儿不就是颜值跟实力嘛！"

你看，这句话就很自然地赞美了撒贝宁老师是"实力担当"。而接下来撒贝宁老师的回应也很"绝"，他立刻回应道："让我最开心的是，你也没比我高多少。"全场一片笑声。

几句简单的对话，既展示出选手活跃的思维，也展示出选手较高的情商，既与主持人，也与现场观众拉近了距离。而撒贝宁老师作为一个一直都很有亲和力的主持人，其自黑式的幽默更是逗得观众哈哈大笑，缓解了现场选手紧张的心情。

3. 平实朴素的语言更能打动人心

不管是主持、演讲，还是平时的交谈、沟通，平实朴素的语言往往更容易打动人心。因为它没有刻意的伪装，也没有花里胡哨的修饰，就像澄澈的清泉一般，缓缓地流入听众的心里，让听众感受到表达者的亲和力，自然也会对表达者心生好感，由此爱屋及乌，也会更愿意接受表达者所表达的内容。

在主持人大赛文艺类总决赛中，选手李七月根据自己回访河北蔚县一位步班邮递员曹师傅的经历，进行了一段表达，其中有一段是这样的：

8年过去了，57岁的曹正富依然是一名步班邮递员。每天，他还是会从山下将报刊和邮件分批送往各个村子。24年，他靠着双脚徒步行走了将近30万公里的山路。当然，8年来，很多村子都已经通车了，去年曹师傅的孩子给他留下了一辆汽车，现在他终于可以开着这辆车前往一些大村子。目前在飞狐峪的27个村落当中，有8个行政村已经修通了公路，但是因为交通成本太高，至今仍然没有任何快递公司来承揽这里的业务。20多年来，曹师傅是这里唯一的邮差。曾经的电报、信件、汇款单、录取通知书，很多家庭的重要时刻都和曹师傅有关。

在这段表达中，虽然没有华丽的辞藻，只有平实的语言，但却传递出了深厚的情感。评委康辉老师就指出："她不会用特别煽情的那种情绪和语言表达去强化一些东西，但是在听起来很平淡的讲述中，其实所有的力量都在里面了。"也就是说，这种平实朴素的语言并没有让情感的表达减少，反而还增加了表达的情感深度。

高尔基曾经说过："真正的语言艺术总是朴素的，很生动，几乎是可以感触到的。"平实朴素的语言风格可以营造一种平和愉悦的表达氛围，给人一种和谐亲切之感。这样的语言也被称为是天然语言，是不加雕琢、不作刻意修饰的语言，简明扼要的三言两语，就能把自己的意思表达清楚，所以也会让人感觉更有亲和力，更有利于表达的顺利进行。

让你的语言更有画面感

在表达时，通常会用两种语言来表现事物的存在，一种是陈述性语言，一种是描述性语言。陈述性语言就是对事物客观情况的表达，如"今天是个好天气""我要出去上班"等；描述性语言则需要构建一个具体场景，可以更加形象、生动地进行表达，从而在听众的脑海中构建一个画面，如"今天阳光明媚，晴空万里"。如果你能在表达时让语言更有画面感，那么就能使听众产生代入感，被你的表达吸引。

在主持人大赛第一阶段第五场，新闻类选手薛焱丹在3分钟自我展示环节，进行了这样一段表达：

今天我要介绍的这座城市，平地进去是八楼，轻轨穿楼而过，立交桥上走错一个匝道，那就是一日游，导航看了都发愁。没错，就是我的家乡"3D魔幻之城"重庆。在这座城市里还有一张城市名片，我们都亲切地称呼他们为"棒棒"。

今天为我们点亮城市微光的这位"棒棒"师傅叫冉光辉。2010年，他牵着当时只有3岁的儿子的一张照片在网络走红，成为网友心目中的硬汉：肩上扛着的是家庭，嘴上叼着的是自己，手上牵着的是未来！

冉光辉来自农村，20多年前和妻子一起进城。为了在这里扎根，他可算得上是"拼命三郎"。每天早上5点就得出去搬货，不论严寒酷暑，他都必须光着膀子，否则衣服跟编织袋没有摩擦力会打滑，后背常常被磨得通红。搬着半人高的编织袋，每天爬坡上坎走三四千级台阶那都是常有的事，而一趟下来的报酬只有10块钱。但是，这位硬汉从来没有抱怨。他说："力气是拼出来的，我能靠自己为他们撑起一片天！"

2019年8月，我去探访了冉师傅，为了给孩子更好的生活环境，他用自己的全部积蓄买下了一套二手房。冉师傅一坐下来就开始给我介绍起他的新家，俊超上初一了，他立志今后成为一名军人，不管再苦再难都要像老爸这样拼尽全力去拼。冉师傅的微信名叫"心想事成"，他也靠自己的奋斗实现了当年的心愿。

……

这段表达中的内容就很有画面感，比如"他都必须光着膀子，否则衣服跟编织袋没有摩擦力会打滑，后背常常被磨得通红"，等等，听完这段表达后，你仿佛可以看到一个光着膀子、扛着一袋袋用编织袋装满货物的汉子，正汗流浃背地攀爬着台阶，又仿佛看到他一脸满足地向表达者展示着自己的新家……这些都会出现在听众的脑海中，让听众对内容印象深刻。所以，评委点评时就提到，这些细节就像是"他们人生当中的高光时刻"，体现出了平凡人身上所绽放出来的光芒。

所以，表达语言具有画面感，往往更容易让人记住表达的内容。具体来说，我们可以通过下面几个方面来丰富表达的画面感。

1. 让表达内容具体到细节

表达时的画面感，通常都来自具体的，甚至是细节的描述。你描述得越具体、越有细节，画面感就越强。比如，上文案例中就有很多细节描述，"后背常常被磨得通红""搬着半人高的编织袋，每天爬坡上坎走三四千级台阶"等，这就比你直接说"很累""很辛苦"一类的表达更加形象、生动，更能体现出人物的特点。

人们天生都不喜欢抽象的东西，而形象化会让我们不必太费脑子就能理解表达内容。心理学上有个说法，叫"鲜活性效应"，就是说，我们不太关心某件事的真实意义，但如果它有视觉感，就更容易唤醒我们的情绪。比如，当年伊拉克战争期间，美国媒体经常报道"数以千计的美国士兵死亡"，公众对此就没什么感觉。后来,有一位记者报道了一个家庭中,妻子失去丈夫、孩子失去父亲的故事,整个国家的反战情绪就被调动起来了。这并不是说一个丈夫、一个父亲的生命就重于数以千计的美国士兵,而是因为这样的表达更加鲜活,更有画面感,也更容易打动人。

在主持人大赛第二阶段第一场中,选手刘洋根据一段材料,进行了这样一段表达:

> 在节目开始之前,我先让大家了解两个平凡的中国故事,因为这是在我们《欢乐中国人》第二季当中出现过的两对父与子。
>
> 首先我们要说说第一对,儿子名叫夏荔,爸爸叫夏付华,爸爸是一个铁路工程师,36年里每年只有两次回家的机会,所以夏荔从小就想多见爸爸,怎么办呢?只能沿着爸爸的道路走,成为一名铁路工程师。
>
> 终于,夏荔的梦想实现了,他和爸爸幸运地分到了同一条铁路——兰渝铁路的修筑工程现场,而且都负责胡麻岭隧道。可是他们两个人,一个在隧道的这一头,一个在隧道的那一头,两人共享同一个Wi-Fi(无线网络)信号,但却看不见彼此。他们之间只有173米,但这173米是一堵需要花6年的时间去打开的墙,终于在2017年的6月,父子俩在最后1米相见了。他们手握着手,眼中流下了热泪,夏荔终于见到了自己的爸爸。而他们两人也用父子共同的梦

想,铸就了这个号称在"豆腐脑上打洞"的艰难的工程。

这段表达的内容不但具体,还具体到了细节,如"共享同一个Wi-Fi信号""他们之间只有173米""他们手握着手,眼中流下了热泪"等。评委康辉老师在点评时指出,这些细节让整个故事更加丰满,让表达出来的信息也更加生动,因为这些好像不太重要的细节,恰恰塑造出了一个活生生的人。听众会因为这些细节,对这段表达印象深刻。

2. 在表达中多用比喻、对比等手法

为什么很多人喜欢看视频和图片,不爱看书呢?就因为视频和图片可以直接展示画面,而看书的时候,我们需要依靠想象力把文字转化为画面。如果想让自己的表达内容直接深入到听众的脑海中,就要用带有画面性的描述,听众听完你的表达后,直接就能在大脑中把内容转化为画面,从而更加易于其理解。如果你所表达的内容中有一些抽象的、难以理解的内容,那么在表达中适当用一些比喻,把这些内容比喻成形象的、容易理解的内容,听众就更容易接受了。

比如,网上有一个问题,说:你听过最好的比喻是什么?有个热门的答案是:"约翰·克特兰(美国著名萨克斯管演奏家)有一次掉了一颗门牙,迈尔斯·戴维斯(美国著名爵士乐手)说他笑起来像钢琴。"

当你看到或听到这句话时,是不是脑海中马上就会出现一个一

排牙齿中间少了一颗的画面?这显然要比用各种华丽辞藻堆砌起来的语句更形象、更直观。

3. 用"五觉"语言来表达内容

"五觉"语言,就是用我们的"眼、耳、鼻、舌、身"五个身体器官来对外界进行感知,用"视觉、听觉、嗅觉、味觉、触觉"来描述事物,更容易让听众感同身受。

在主持人大赛新闻类总决赛中,选手王嘉宁根据一幅图片,用1分钟进行了一段描述,其中前半部分的内容是这样的:

> 欢迎收看今天的《图说天下》。当这张图片展现在我们面前的时候,每个人都倒吸了一口凉气,因为隔着屏幕我们都能感受到那剑拔弩张的紧张气氛。
>
> 在图片的左半边,大篇幅的是一只凶猛的野兽,它眼神当中透露着凶狠,它张着獠牙,挥舞着前臂在向它的前方示威,隔着屏幕我们似乎都能听到它在怒吼,感受到它的怒气。而站在它的对立面的,是和我们一样的物种:人类。从他坚毅的眼神和向下的嘴角当中,我们似乎能够感觉得到,他对这场对峙已经胜券在握,而他手中端着的猎枪也能隔着屏幕让我们闻到已经上膛子弹所散发出的浓浓的火药味。
>
> 我不知道为什么,世界这么大,这两个不同的物种会碰到;我也不知道为什么,在这样一个蓝天、白云、辽阔

的平原，一个人类会背着他的行囊、拿起他的猎枪与一个动物进行一场对峙。

......

这段表达中就运用了"五觉"中的视觉、听觉、嗅觉等来进行描述，比如，"它眼神当中透露着凶狠，它张着獠牙，挥舞着前臂在向它的前方示威""隔着屏幕我们似乎都能听到它在怒吼，感受到它的怒气""他手中端着的猎枪也能隔着屏幕让我们闻到已经上膛子弹所散发出的浓浓的火药味"……这些语言描述，让我们仿佛看到一只凶猛的野兽，正充满怒气地与一个端着猎枪随时准备射击的猎人之间的对峙，紧张的氛围瞬间就出来了。

再比如，在马丁·路德·金的《我有一个梦想》中有这样一句话："我有一个梦想，梦想有一天，在佐治亚的红山上，昔日奴隶的儿子将能够和昔日奴隶主的儿子坐在一起，共叙兄弟情谊。"其中，"佐治亚的红山""坐在一起""共叙"等话语，也赋予了表达的画面感，让听众仿佛身临其境，从而也使表达流光溢彩。

人的大脑是有不同分工的，虽然各部分功能不同，各司其职，但视觉、听觉、嗅觉、味觉、触觉这"五觉"占据了大脑中大部分区域。如果能运用好语言去刺激听众大脑中更多的区域，那么你说出来的话也更容易对听众产生深深的吸引力。所以，我们会感觉"嘈嘈切切错杂弹，大珠小珠落玉盘"的诗句远比"这琴声十分优美"更有吸引力，因为它不但刺激了我们的听觉，还刺激了我们的视觉。

语音准确,表达更具感染力

俗话说:"语清意自明。"表达是一种以音传意的语言行为,而以音传意的首要一条就是语音准确。如果你在表达时含混不清、拖泥带水,听众就会听得一头雾水,并且很快对你的表达失去兴趣,你的表达也就失去了意义。

当然,世界上没有完美的声音,即使是各大电视台的节目主持人、舞台上的表演艺术家,也不可能拥有毫无瑕疵的声音。但是,声音不完美不代表可以不准确、不清晰,或者不具有自己独特的特点。很多节目主持人的声音都算不上好听,但表达时却清晰准确,富有感染力,听众也很喜欢看他们的节目、听他们的表达。

我们在日常表达时,当然不需要去刻意追求有标准美感的声音,毕竟表达内容才是最重要的,但清晰准确也是表达的必备条件。因为任何表达都是为内容服务，你在表达时吐字有力，字字清晰，就会让听众对你表达的内容产生代入感，也容易被你的表达感染。否则，吐字不清就会令语句听起来不连贯，句意表述不清晰，影响表达效果。

虽然我们在日常表达时，对语音的准确性要求不需要像主持人那样严格，但如果注意发音技巧，讲究发音的准确、流畅、自然，以及语言表达的节奏，就能够清晰地把每个字的音都发出来、送出去，而不是含混不清，从而有效减少因语音表达不准确而使听众产生歧义的情况。要做到这一点，就需要我们平时说话时，既要学会根据现场情境、表达内容等调整音量大小，又要注意字音的饱满，还要注意说话的节奏。只要平时养成清晰、准确、流畅表达的习惯，那么即使在一些重要场合，我们的表达也不会掉链子。

具体来说，我们在日常表达时可以从音量、重音和节奏三个方面来调整和强化自己的语音准确性。

1. "有理不在声高"

有些人在表达时，喜欢高声大嗓，甚至是声嘶力竭，以为这样的表达才更显得热情、更有气势。殊不知，这样的表达除了炸耳朵外，真的感觉不到什么美感和情感。我们表达就是为了让别人听清、听懂、听得舒适，而不是听到你说话的声音高，就认为你讲得有道理。我们常说"有理不在声高"，就是这个道理。

在主持或一些正式表达的场合，我们的声音可以比平时说话声音大一些,响亮的声音确实可以为表达增加气势,但任何事都过犹不及。否则,声音过高,字音反而不清楚,似乎能传得很远,却不在听众的耳边,容易让听众形成听觉疲劳。所以,在表达时,我们只需要让声音比平时稍微响亮一些,而自己又不会感觉吃力即可。

2. 用重音体现表达目的

重音就是通过重读来强调表达中的重点内容。同一个句子,重音位置不同,表达的意思也会不同。比如下面的几个句子:

我听说过你的故事。(重音在"我",强调是"我"而不是别人。)

我听说过你的故事。(重音在"听说过",强调只是"听说过",表达一种对真实情况不甚了解的意思。)

我听说过你的故事。(重音在"你",强调听说过"你"的故事,不是别人的故事。)

如果我们在表达时,想要强调某个重点或达到某个目的,就可以用重读的方式来表现,以提醒听众注意,帮助听众加深对你所表达内容的理解。

一般来说,表达中的重音位置是有规律可循的,比如,当你表达的内容中有数字时,通常都要用重音表达,如:"这家医院要进行屋面加固改造,作业面达到2.9万平方米,焊点有1800多个,必须制订详细的消防安保方案。"在这句话中,数据就需要用重音表达,目的是强调安保的难度和责任的重大。

再如，一些序列词也需要重读，如："我完全没有犹豫，第一时间就向支队递交了请战书。"在这句话里，重音就在"完全"和"第一"两个词语上，因为"完全"体现了一个人做出决定的心理状态，"第一"则体现了做出决定的迅速。这些都表示一个人在面对重大问题时的精神境界，而人物的精神境界就是表达的主要目的，所以就要用重音把能够体现出主要情感的内容表达出来。

3. 把握声音节奏，让内容更生动

有声语言的节奏，就是在表达过程中，由一定的思想感情形成的有秩序、有节拍、有强弱、有轻重、有缓急、有规律的声音形式。如果在表达时声音缺乏节奏，或者节奏感不鲜明，我们的思想感情就无法很好地表达出来，自然也不会有效地影响听众。

一般来说，我们在进行表达的时候，声音节奏主要包括以下几种：

（1）高亢节奏：这种节奏通常用于一些可以激励听众的表达，比如就职宣誓、工作动员、施政声明等，感情色彩往往比较浓烈，震撼力较强，表达时声音可以适当提高，以增强表达气势。

比如：

"中国文化也在为世界文化增添着别样的色彩，中国经济也在为世界经济添砖加瓦，注入一股蓬勃的正能量。我们相信，开放包容的中国，开放包容的中国经济，一定

会让世界互联互通，合作共赢！"

"这70年，我们有过很多的光荣、骄傲的时刻，但我相信，最骄傲的时刻一定在将来，在我们每一个人身上！"

"当C919在天宇翱翔，我们圆了100多年的大飞机梦；当"蛟龙"在深海下潜，我们打开了深海世界的大门；当"天宫二号"实现在轨对接，当"嫦娥四号"在月球背面着陆，中国的航天大国梦正在一步步走向现实。没有比脚更长的路，没有比人更高的山，正是有了我们这些不断拼搏、不断奋斗的个体，才成就了我们中华民族的今天。所以，让我们努力奋斗，为我们的五星红旗增光添彩！"

（2）柔和节奏：这种节奏一般用于社交表达或教学演讲当中，感情色彩比较轻快、柔和，但又具有较强的渗透力，表达时声音可以适当放平。

比如：

"我一直相信，你走过的地方一定会阳光明媚，因为你就是太阳！"

"我们在这里一起上了一堂音乐课，在《歌声与微笑》中，我忽然明白了为什么邓老师坚持要给孩子们上音乐课的原因。此时,音乐就是一颗种子,种在孩子们的心里,用陪伴的力量来浇灌梦想之花。"

(3)紧凑节奏:这种节奏通常会营造出一种紧迫的气氛,所以表达时最突出的特点就是语速快、停顿短,声音可以略微提高。这种声音节奏最常用的场景就是论辩。

比如:

"作为主持人,更应该言之有理还是言之有物?我想都很重要,但是物比理更重要,因为物是理的基础,理是来自于某一样事物。"

"我的观点是讲好中国故事方法更重要,中国故事就是中国人的故事。我们要知道,如果有目标没有方法,那只能是空谈误国。实干才能兴邦,而这个实干它就是实实在在的方法。"

(4)舒缓节奏:如果是在一些正式、庄严的场合进行表达,舒缓的声音节奏就比较适合,可以让声音显得低而不虚、沉而不浊。比如,在做工作报告、新闻发言人发言、追悼会上致悼词等,这样的声音节奏都可以体现出含蓄、庄重、深沉的思想感情。

比如:

"面对一个两岁的女孩儿从10楼坠落的时候,你会想些什么?'最美妈妈'吴菊萍告诉我,冲上去用双手接住这个孩子,让她安全落地,保住她的性命……"

"有一回到了红军医院里头,爷爷一唱歌,许多因为伤痛而呼号的战士立刻安静了下来。从那之后,爷爷的歌声便伴随着红军战士去到了更远的地方……"

总而言之,任何表达想要吸引听众,不仅需要你表达的内容足够精彩,还需要你表达时语音准确,吐字清晰,声音多变而充满张力,节奏起伏而富有变化,能够准确地表达出你的情感变化。这样的表达才富有感染力,也更容易"抓住"听众那挑剔的耳朵。

感同身受，争取最大的情感共鸣

不论任何形式的表达，都不仅仅是表达者站在听众面前说话，而是需要深入到听众的内心中去。你面前的听众可能是一个你熟悉的人，也可能是一个和你有着完全不同经历的陌生人，但是，他们都有一个共同的特点，就是都富有情感，内心都有柔软的地方。所以，你在表达过程中，如果能将自己的真情实感融入其中，必然可以让听众感同身受，震撼他们的心灵。尽管你的经历和感触可能不一定所有人都经历过，但相似的情感体验听众一定会有，只要找到那个情感共鸣点，你的表达就能成功。

在主持人大赛第一阶段第二场，选手白影在3分钟自我展示阶

段,进行了这样一段表达:

> 欢迎来到新一期的《人物》,我是主持人白影。
>
> 我采访过不少优秀的工匠和企业家,但最打动我的却是一个"笨小孩"。他叫蒋应成,21岁,代表中国参加了世界技能大赛的汽车喷漆项目。这个项目听上去简单,可全中国有这门手艺的不到5000人。比赛现场,当他放下手中的喷枪,身边的翻译"哇"的一声哭了出来,看着他说:"应成,太不容易了!"操作过程中,薄薄的车漆至少分为十几层,每一层都用不同的材料喷涂,而能够允许的最大误差是0.01毫米,相当于1/6根头发丝,呼吸重一点都会影响结果。倒计时"三、二、一……"喷漆误差0.01毫米以内,喷漆色差为0,蒋应成几乎完美地完成了。他战胜了二十多个国家的选手,一举夺冠。
>
> 夺冠之后,应成的第一个电话从阿联酋打回了云南老家。他从小没了父母,是爷爷奶奶种田养猪把他拉扯长大的,爷爷离世之前对他说:"应成啊,我们可以白手起家,但不能手无寸铁。"那之后的1800多个日夜,他就像一个苦行僧一样把自己关进了车间,每天伴着晨曦走进去,再披星戴月地出来,训练最苦的日子里,他创作了这幅《星空图》。
>
> 我想,如果说命运给过这个少年哪一样好东西,那就

是梦想。当应成登上自己梦想中的领奖台,中国的五星红旗是因为他在世界舞台上冉冉升起。

蒋应成用奋斗的青春诠释了自己的生命,我们的采访结束时,他起身离开戴上了耳机,我问:"在听什么呢?"他说:"《笨小孩》。"

对,就是那首歌。我曾经也是一个笨小孩,十二三岁的时候背起了行囊,从湘西的大山深处走出来追寻我的梦想。今天,我想卸下一切包袱,怀抱一颗初心登上这个新时代的舞台,为梦一战,为梦发声!

这段3分钟自我展示结束后,评委都给出了很高的评价,尤其认为故事和其中的情感最为打动人心,并且还强调:"当他(蒋应成)从阿联酋的赛场打电话回到云南农村老家的时候,我就在想,这是多么遥远的一个距离。但是,曾经比那个更遥远的距离是一个没有父母的孩子与梦想之间的距离,可现在梦想成真了。而你后来总结的一句话'如果说命运给过这个少年哪一样好东西,那就是梦想',我觉得这是本场让我记忆最深刻的一句话。好的讲述是能够一下子勾起所有人的记忆的,我们的情感记忆、情感体验被你唤醒了。命运和少年是特别好的对比,少年不知道命运等待他的是什么,少年几乎也很少能够有和命运抗衡的能力,但是这个少年赢了,赢在他曾经的梦想,更赢在他一直不懈的奋斗和努力当中。"

蒋应成的经历我们可能没有,但这并不影响我们理解一种共同的情感,那就是追逐梦想。几乎每个人都有过自己的梦想,追寻梦想的过程也都充满了艰辛,所以讲到这个话题,自然就能引起很多人的情感共鸣,从而也会投入更多的情感和注意力到你的表达当中。

那么在表达时,我们该怎样与听众实现感同身受,争取最大的情感共鸣呢?

这里跟大家分享两种方法,希望对你的表达有所助益。

1. 找准受众对象,制造情感共鸣点

在表达中,我们面对的听众可能不同,但只要是人就会有情感,只要你能找准与不同受众对象间的情感共鸣点,就能让对方与你的表达感同身受,产生共情。

比如,中央广播电视总台主持人杨帆曾在网上"吐槽",自己去参加孩子的家长会,结果会后被老师留下谈话1个小时,与他讨论孩子成绩下滑的原因,这引起了众多家长的共鸣。虽然杨帆的"吐槽"带有一些玩笑的意味,但他的"吐槽"点正好对准了广大家长的关注点,因而就与家长听众之间形成了一种感同身受。

这就提醒我们,在表达过程中,也要善于制造自己与听众之间的情感共鸣点,调动听众的情绪。

在主持人大赛第三阶段新闻类比赛中,选手田靖华要在5分钟内根据一段视频讲述一个新闻故事。他是这样讲的:

正在和着音乐跳舞的这群孩子,是深圳市"喜憨儿洗车中心"的洗车工。"喜憨儿"是心智障碍者的统称。创始人曹军同时也是一位心智障碍孩子的父亲,对此曹军解释道:"'喜'代表珍惜,'憨'代表憨厚老实,'儿'代表孩子。"

作为一名新闻主播,很多时候我都是拿着已经写好的文稿隔着演播室里的监视器去感受镜头那一边的喜怒哀乐,但是,只有走近他们才能真正理解他们。所以,这一次我选择脱下西装,拿起喷枪,跟着我的"喜憨儿"师傅们洗车。说实话。去之前真没觉得是什么难事,但两天的体验下来,那真是不容易!你会发现那些孩子把自身的劣势转化为做洗车这项工作的优势,把简单变成了对工作的一丝不苟,他们非常认真地对待清洗顺序和干净程度。洗车一定要从左后方开始擦车,从上到下绕车一周,不得有丝毫遗漏。每当我犯点小错误或稍有马虎时,他们就会马上指出我的问题,告诉我,不能凑合,要认真。而正是靠着这种时间不延后、干净不打折、价钱不高于市场的经营宗旨,"喜憨儿洗车中心"赢得了顾客的信任。而这份信任不是靠着爱心怜悯,而是靠着孩子们一辆车接一辆车洗出来的。

(播放视频)

闲下来的时候,我会问孩子们:"洗车累吗?"他们说，"不累，有工作就高兴"。可能很多时候，有人会用一种异样的眼光看他们，但在这里，我感受到给予孩子最好的帮助就是平等。我们可以发现，在这里每个人都会签订劳动合同，购买社保，创始人曹军坚持工资不打卡里，只发现金，为的就是告诉孩子们，你们和别人一样。而大门上"正常收费，谢绝小费"8个字，就是对平等和尊重最好的解释。

他们中有一位特殊的住在洗车行的员工，他叫种新来。爸爸给他起这个名字的意思是即使做错了也可以重新再来。生命没有给他重来过的机会，但他让生活变了模样。3年前，他自己在网上看到了"喜憨儿洗车中心"的消息，哭着求妈妈带着他从甘肃老家坐了三天三夜的车来到深圳，从此工作成了他生活的重心和快乐的源泉。每天早晨7点，种新来都是第一个打开车行大门的人，为一天的工作做准备。每个月，他会把攒下的钱存进银行，等到过年的时候给在老家种地的爸爸妈妈买礼物。

（播放视频）

不仅种新来真的重新来了，更多的孩子从不敢大声说话，到想要去主动跟陌生人交流；从出门需要人陪同，到可以独自坐公交地铁上下班，孩子们的生活真正在发生着改变。值得欣喜的是，"喜憨儿"模式已经推广至全国16座城市共19家门店，而这一切离不开政府和社会各方的帮助和支持。

就在我即将离开的时候，我又得知了一个好消息，"喜憨儿"要搬家了，政府为他们提供了免费的场地，建造了好的车间，用"造血"代替"输血"，用符合市场规律的方式发展壮大，"喜憨儿"的未来一定光明而又精彩。

（播放视频）

这是"喜憨儿"洗车中心的工牌，那天戴着它，我和我可爱的同事们一块儿洗了53辆车。我会永远珍藏这块工牌，因为它时刻提醒着我，我曾经是他们中的一员，他们会是我永远的牵挂。

这段表达结束后，评委康辉老师点评说，田靖华在整个采访过程中，都是在真心实意地与那些孩子交流，而且其中有个镜头让他特别感动，就是两个"喜憨儿"把头靠在他的肩膀上，他们将田靖华当成一个真心的朋友一般信任他。主持人撒贝宁老师则说，听完田靖华的表达，他想起自己多年前主持过的一档节目《梦想合唱团》，其中有个来自上海的孩子，在采访这个孩子时，他说：人总不能混吃等死吧！一个这样的孩子，说出这样的话，让人特别震撼。

看到和听到这些孩子的故事后，大家都会不由自主地联想到自己，作为一个心智正常的人，自己是不是也能够做到像这些孩子那样积极、乐观地面对生活？是不是自己在遇到这样的孩子时，也能够真心实意地为他们提供一份帮助而不是施舍,让他们能够更有尊严地生活?

这就是利用感同身受与听众实现了情感共鸣,因而也很快触动了听众内心的情感点。如此一来,表达也就成功了。

2. 善于抒发自己的真情实感

中央广播电视总台优秀主持人康辉老师曾经说过,一个人说话声音好不好听没关系,关键是要以情带声,要让自己在表达时声情并茂。不管是演讲、主持还是其他类型的表达,短时间内靠技巧可能会吸引听众一时,但绝不会对听众产生长久的吸引力。只有在表达时投入真情实感,才能将听众带入我们的表达当中。

在主持人大赛第一阶段第五场中,文艺类选手李七月在3分钟自我展示环节,进行了一段表达:

> 2018年,我成为《等着我》栏目的"寻人团"团长。对于这份工作,我最初的想法很简单,被寻人已经锁定,我要做的就是代表栏目组去把人接回来。但事实上,我的第一次寻人,就差一点儿"挂彩"。
>
> 那位被寻人早年被拐,我们找到他时,他已经30岁了,有了完整的家庭。然而,我与他的见面遭到了激烈的阻挠,他的家人甚至试图将一只巨大的花盆从二楼朝我们扔下来。后来,我们仍然坚持和他聊了两次,他最终答应

见妈妈一面，但是依然不愿意回家。其实很多被拐的孩子在面对原生家庭时，都会产生压力和抗拒心理，这不是简单的"相见相认"就可以解决的。

接下来的寻人经历让我慢慢发现，有很多被寻人都像是一把锁，而我要做的就是找到开锁的钥匙。我想，我无论能不能带他们回家，都应当安慰他们，或者至少成为他们倾诉的对象。

（播放视频）

这是我最近的一次寻人经历，这个男孩是9年前离家出走的。我们找到他的时候，他正在乡下种地。可是你们知道他的原生家庭是什么样子吗？一线城市、大三居江景房，他自己的家，还有并不苛刻的父母和姐姐。我问他为什么要离家，他说因为他觉得在家里没有人尊重他。你能想象吗？这些生活优渥的孩子对于"尊重"的要求远超我们的认知。我不停地追问他到底哪里不被尊重，他始终拒绝沟通。我说："你是不是觉得你的父母喜欢姐姐，不喜欢你？"他突然就点了点头。我又问他："你想父母吗？"他摇头。我说："那你想姐姐吗？"他的眼圈一下红了。我说："回家吧，你的姐姐9年来该多想你啊！"他终于哭了一场，决定跟我们走。很庆幸，这次我打开了这把锁。

其实，很多人的人生注定是一场孤旅，而寻人的工作，让我必须去面对这些孤独的心理。我的一言一行、态度表情，都会影响他们是否愿意去接受那个陌生或者曾经不愿面对的自己。

评委们对李七月的这段表达都给予了很高的评价，认为她身上有一种很可贵的感受力，她总是能真正体会到自己当时处境中所发生的事情，以及身边人的真实的情感，也就是感同身受。正因为有了这种感同身受，选手在表达时，才能真正地表达出自己内心的情感。这一点，可以帮助主持人在主持节目时更好地与节目实现融合。而康辉老师则认为，李七月的表达会给人一种"温润"的感觉，能让人体验到这个世界的一种暖，这在一定程度上也让她的表达更加能够抚慰人心，引起听众的情感共鸣。

在很多时候，要评判表达的好坏，听众喜欢就是最佳的评判。但是，当你真正关注自己表达的内容的时候，你会发现，那些听众不喜欢的表达各有各的问题，但喜欢的表达总是相似的，就是它必定会触及人的心灵，带给人深刻的感悟，能让人实现共鸣。这就是表达中情感的魅力。在表达中，你的见解、思考、观点，构成了表达的内核；而你所讲述的真实的故事、你展现出来的真实的情感，就是让听众感同身受的关键点。多年以后，可能人们会忘记你在某次表达时说过的话，但是，你带给他们心灵的感受，一定会让他们记忆深刻，久久难忘。

完美收尾

如何让表达更有影响力

第 6 章

> 主持人讲故事,如果这故事中有自己,就有了一种别样的魅力。
>
> ——敬一丹

收尾部分要精心设计

美国演说家乔治·柯赫说:"当你说再见时,你必须使听众微笑。"其实不管是演说还是其他表达形式,精巧的收尾都非常重要,它往往可以对整场表达起到画龙点睛的作用,还可以使听众余兴未阑,回味无穷。

但是,很多人在表达快要结束时,内心总是会产生一种"终于要说完了""终于要结束了"的心态,因而在说完后,也是耸耸肩,一副放松的表情说:"好,我说完了,谢谢大家!"如果你真的这样做,那么不论你前面的内容讲得多精彩,这个收尾都会为你大大减分。

表达好不好,听完结尾才知道,结尾部分可以称得上是最后一个说服听众、向听众传递信息的机会。如果你想达到余音绕梁、必有回响的表达效果，就不能让自己在表达的收尾部分草草结束，而是要提前精心计划好、设计好。

在主持人大赛第一阶段第一场中，选手尹颂在3分钟自我介绍环节，是这样介绍自己的：

> 大家好，欢迎收看今天的《走遍中国》，我是主持人尹颂。
>
> 最近这天特别热，我们今天的节目要给大家推荐的是一个避暑胜地：江西井冈山。很多人说，哎呀，你热糊涂了吧，井冈山不是革命圣地吗？没错，井冈山是中国革命的摇篮，但是它七八月份的平均气温只有24℃左右，所以说，这个季节您上井冈山，不但可以接受革命传统教育，还能顺道儿避个暑，是不是一举两得呢？
>
> 巍巍八百里井冈，层峦叠嶂、群山环翠，"同志哥，请喝一杯茶啊请喝一杯茶，井冈山的茶叶甜又香，甜又香"。喝上一杯井冈的茶是消暑又解渴，您再看漫山遍野的杜鹃花，看葱郁挺拔的井冈翠竹。这用南昌话说叫作"红配绿，看不足"。您想想多么惬意，这才是生活嘛！
>
> 当然，有一个地方要给您做特别推荐，就是在2016年2月2日，习近平总书记同老乡们一起打过糍粑共度小年的神山村。来到神山村，不但可以体验到打糍粑的乐趣，而且能住上民宿，吃上红米饭，喝上南瓜汤，忆苦思

甜。糍粑越打越黏，这日子越过越甜。2017年，神山村在全国率先脱贫摘帽，获评为"全国文明村""全国美丽休闲乡村"，成了全国脱贫攻坚的样板乡村。我想，这是"井冈山精神"在新时代最完美的诠释。

　　时光不会辜负每一份努力，也正是在这种精神的指引之下，我也从一名来到江西求学的普通大学生，成为一名卫视主播，再到今年担任中央广播电视总台春晚江西会场主持人，正如脱贫奔富的井冈山人民一样，我也在为心中的梦想努力奋斗着。今天的井冈山从红色历史中走来，向绿色发展中走去。欢迎大家伙到我们江西井冈山走一走，看一看。

　　对于这段表达，评委给出的评价都很好，认为选手不仅能够引经据典，还"能说能唱"，可以说表达得准确、流畅。但是，评委也指出了一个问题，就是收尾部分有些"轻描淡写"了，所以对选手给出的建议是：在表达时，一定要设计好开头结尾，如何开篇，如何收尾，都要好好设计和把握。尤其是在一些重要的表达场合，这样的结尾会给整个表达减分。

　　由此可见，想要让你的表达给听众留下深刻印象，就需要在收尾部分进行精心设计。以下几种设计方法，我们可以在表达结尾处适当运用。

1. 以回放结尾，意味深长

我们在看电影或电视剧时会发现，有时故事中经常会回放一些经典的镜头，尤其是在一个主角即将离开世界，观众情绪达到顶峰时，影片就会用慢镜头回放一些这个主角之前的镜头。这样一来，就能再一次激发观众的情绪，将情绪渲染到顶点，之后戛然而止，给观众留下意味深长的结局。这就是为什么那些成功的悲剧影片结束后，还有很多观众陷入悲伤的情绪之中，难以自拔，就是因为这个情绪点击中了观众，让他们一时之间无法抽离。

我们在表达时，也可以利用影片的这种经典回放的方式来设计结尾。在表达即将结束时，把你之前表达内容中的最核心关键点再总结一下，帮助听众加深印象，留下情绪，从而也能对听众产生较深的影响力。

2. 以道具结尾，别出心裁

在主持人大赛第二阶段第三场比赛中，文艺类某选手根据一段资料，即兴主持一段《朗读者》节目。在这段主持的结尾部分，选手是这样说的：

> 时间的长河滚滚向前，它从不会等任何人。但有一类人，他们到死都是年轻的，因为他们有着青春的精神。老先生（许渊冲）说，如果我能够活到100岁，我要把还剩余的30多本莎士比亚的全集全翻译出来。

> 青春的精神是什么？青春不是年华，而是心境；青春不是桃面、丹唇、柔膝，而是深沉的意志、恢宏的想象、炽热的恋情。让我们掌声有请充满青春的朗读者许渊冲。

在这段表达结束后，评委们给出了不同的点评，有肯定、有赞赏，也有建议，而主持人撒贝宁老师给出的点评是：选手没有很好地用到节目组为她提供的道具——一本塞缪尔·厄尔曼的诗集《青春》。撒贝宁老师认为，选手在表达的收尾部分，如果能用到诗集中的一段"无论年届花甲，抑或二八芳龄，心中皆有生命之欢乐，奇迹之诱惑，孩童般天真久盛不衰。人人心中皆有一台天线，只要你从天上人间接收美好、希望、欢乐、勇气和力量的信号，你就青春永驻，风华常存"，作为对许渊冲老先生青春故事的一个结尾，之后再请出嘉宾，就会使内容与嘉宾更加契合，也会让表达的收尾更有分量。

在日常表达中，如果我们身边有与表达内容相关的道具，就可以利用道具来设计一个特别的结尾。当然，在设计时一定要确保道具与你表达的内容息息相关，不能为了设计而设计，强行加入道具，这样就画蛇添足了。

3. 以故事结尾，引发思考

在表达即将结束时，用一个与表达内容相关的、寓意深刻的小故事作为结尾，往往可以引发听众思考，让听众再一次认真地回味表达内容。

2012年,中国作家莫言获得了诺贝尔文学奖,在瑞典学院,他发表了以"讲故事的人"为主题的文学演讲。在演讲中,他回忆了自己去世的母亲,讲述了自己是如何走向创作这条道路的,并对自己的作品做出了评价。演讲的最后,他讲了三个故事,其中一个故事是这样的:

  这是许多年前我爷爷讲给我听过的。有八个外出打工的泥瓦匠,为避一场暴雨,躲进了一座破庙。外边的雷声一阵紧似一阵,一个个的火球,在庙门外滚来滚去。空中似乎还有吱吱的龙叫声。众人都胆战心惊,面如土色。有一个人说:"我们八个人中,必定有一个人干过伤天害理的坏事,谁干过坏事,就自己走出庙接受惩罚吧,免得让好人受到牵连。"自然没有人愿意出去。又有人提议道:"既然大家都不想出去,那我们就将自己的草帽往外抛吧,谁的草帽被刮出庙门,就说明谁干了坏事,那就请他出去接受惩罚。"

  于是大家就将自己的草帽往庙门外抛,七个人的草帽被刮回了庙内,只有一个人的草帽被卷了出去。大家就催这个人出去受罚,他自然不愿出去,众人便将他抬起来扔出了庙门。故事结局我估计大家都猜到了——那个人被扔出庙门,而破庙轰然倒塌。

莫言通过这个故事，回应了这次演讲的主题——"讲故事的人"，不但给观众留下了无限的回味空间，还表达了自己坚信真理和正义的价值观和信念。

4. 以悬念结尾，激发联想

我们在表达时，总喜欢把事情的来龙去脉都讲清楚，把开篇结尾也都跟听众交代清楚，其实这不见得就是好的表达。有些时候，在收尾处设置一点悬念，不直接把结果告知听众，让听众去思考和推敲，往往能让表达更加韵味流长，令听众回味无穷，甚至对表达内容产生强烈的好奇心和探求欲望，继而自己去思考、寻找答案。

比如，美国著名科幻小说家弗里蒂克·布朗在小说的最后，就写了这样一句短短的话："地球上最后一个人独自坐在房间里，这个时候突然响起了敲门声。"这个结尾虽然只有短短几句，但却可以引发读者无尽的想象：他不是地球上最后一个人吗？会是谁来敲门？会继续发生什么事？当这些疑问产生时，读者对小说的兴趣往往也可以保持很久，甚至自己展开联想，续写故事。

人类的思维是个极其复杂的过程，这个过程就导致不同的人对同一件事、同一个故事产生不同的看法，就像"一千个人心中有一千个哈姆雷特"一样。而表达结尾处的悬念，就为人们提供了充分的想象空间。

表达最后既要有力也要有情

表达的收尾部分如果能做到有力也有情,不但能加深听众对整个表达内容的印象,还能引起听众的情感共鸣,否则,就会破坏前面表达的精彩内容。

在主持人大赛第二阶段第一场中,某选手需要根据撒贝宁老师现场出的一道题目,即兴主持一段《挑战不可能》。她是这样表达的:

各位观众大家好,欢迎来到《挑战不可能》。

在这个舞台上,我们见证了太多把不可能变为可能的挑战者,今天要为大家介绍的这两位挑战者,就好像是一棵树木成长的两个不同阶段,一位是一粒种子,一位是已经长成的树木。"种子"是我们5岁的诗词小达人王恒屹，他在300首唐诗中任选10首，根据2到4个提示字快速说出完整的诗联，挑战成功，被誉为"行走的中华小诗库"；而已经长成的"树木"王桐晶是世界的珠心算冠军，她在挑战7位数"障碍闪电珠心算"时2秒钟得出了正确答案，成了我们当季的"挑战王"。

这两位一位是男孩，一位是女孩，一位是孩子，一位是青年，一位与数字相伴，一位与文字相伴，但在我心中，他们两人有三个共同点，就像是我们《挑战不可能》的名字，挑、战、不可能。

"挑"是勇气。每当我们的挑战不断升级，他们给出的答案都是"我要挑战"，因为只有不断地挑战，才有可能为未来积蓄力量，尤其是我们的小恒屹今年才刚刚5岁。

"战"是毅力。在这个节目中，我们经常说一句话，叫作"天行健，君子以自强不息"。我特别想问现场的观众朋友们，大家觉得这句话当中最难的是什么？是君子，是自强？是不息。对，自强一天很简单，自强一年好像也不难，但是这两位挑战者是自强不息的典范。

最后说说"不可能"。当桐晶用2秒得出最后答案的时候，我们现场所有的人都认为她是一个充满超能力的超人，但恰恰相反，她仅仅是我们身边普普通通的平凡人。

这个舞台上每一个挑战者都是普普通通的平凡英雄,而恰恰是平凡英雄,却在这个舞台上实现了生命的极致绽放。我想这才是这个节目的意义。

现场的观众朋友们,我们每个人都可以挑战属于自己的不可能,你们愿意和我们一起挑战不可能,走进属于你们的荣誉殿堂吗?

表达结束后,评委觉得,选手在表达时的整个逻辑都很清晰,人物介绍、故事背景、节目精神的提炼等,都做得很好,唯一不足就在收尾处,用评委的话说,"显得有些太软了"。在这样一个特别的、具有气质的节目中,怎样才能把"挑战"的力量体现出来?就需要选手在表达收尾处显得更有力、更锋芒一些。显然,因为收尾处的不完美,整个表达效果就受到了影响。

在实际表达中,很多人对开篇都很重视,觉得自己应该一开场就"一炮打响",吸引听众继续听自己接下来表达中的主要内容和观点,至于收尾,没那么重要。所以在收尾处,很多人的表达形式都是:"因为时间关系,今天就讲到这里。""总之,就这样吧,我讲完了。"殊不知,不论你前面表达的内容多么精彩,这句收尾的杀伤力都足以抹杀前面的所有努力,因为它会给人一种草率敷衍的感觉。

为了提高表达收尾的效果,我们应该怎么做呢?主要有两点,就是我们前面提到的,既要有力,也要有情。而下面几种收尾方法,就能很好地体现出以上两个要点。

1. 点出表达的主题和灵魂

在收尾处,用最简单的结构表达最鲜明的观点,体现最真挚的情感,可以让听众更容易记住和领会你的表达主题,同时又能融入情感,仔细回味你的表达内容。

在主持人大赛文艺类总决赛中,选手尹颂要根据一段视频内容进行5分钟的即兴表达。他是这样表达的:

> 1927年10月,毛泽东、朱德等老一辈无产阶级革命家率领中国工农红军来到井冈山,创建了中国第一个农村革命根据地,开辟了"以农村包围城市,武装夺取政权"的具有中国特色的革命道路。从此,井冈山便成了一团烈火,照亮了中国革命的前行之路,也吸引着一代又一代的奋斗者来到这里,我也是其中一位。有时候我在想,为什么这片红色土地会有如此强大的魅力?随着来到井冈山的次数越来越多,心中的这份答案也越发清晰。今天,我想通过一首歌、一个人,带领大家共同感受这片热土的力量。
>
> (播放视频)
>
> 其实啊,满凤大姐是听着爷爷的红歌长大的,当年爷爷是负责文艺宣传的红军战士,有一回到了红军医院里,爷爷一唱歌,许多因为伤痛而呼号的战士立刻安静了下来。从那之后,爷爷的歌声便伴随着红军战士去到了更

远的地方。刚才我们听到的这首《红军阿哥你慢慢走》就是爷爷当年创作的。对于满凤大姐而言，最为珍贵的就是爷爷所留下的记录了30多首红军歌谣的歌本。此后，越来越多的人知道了满凤大姐，慕名前往，而她也有了更多选择。

（播放视频）

是啊，"能帮一个就算一个"，多么朴实却又充满真情的话语。满凤大姐不但资助贫困学生，还帮助特困老人。这一次，我也非常有幸跟着大姐一块儿去了敬老院，一进入敬老院，很多老人围上来，拉着大姐的手，好像有说不完的话。其中一位老人非常激动地说："满凤啊，就是我的亲闺女啊！"

其实您在这片神奇的土地上待得越久，您就会发现，很多人都在用自己的方式弘扬井冈山精神。这一次重上井冈山，我也非常惊喜地认识了一位小小红色讲解员，今年她只有10岁，却有着7年的讲解经历。我想，我们都会有这样一种疑问，小小年纪，没错，在她的这个年纪，可能对于井冈山精神理解得还不十分透彻和深刻，但是这一份红色基因早已融入了她的血脉，这颗红色的种子早已播撒在了她的心间。此行我所遇到的每一个人，都是对井冈山精神最好的诠释。他们感召着我，点燃了我，我也愿如一颗火种去点燃更多的人。

90多年前，八角楼的微弱灯光点亮了中国革命的燎原之火，而这火光也必将带着跨越时空的井冈山精神，照亮这个奋进前行的新时代。

这段表达的结尾处就给人一种很强的内心震撼，同时上升了主题高度，点明了主题灵魂，提出其中的故事"感召着我，点燃了我"，让"我也愿如一颗火种去点燃更多的人"，大家一起秉持这种"井冈山精神"，"照亮这个奋进前行的新时代"。这就是一种既有力又有情的收尾方式，也使这段表达赢得了现场评委的一致好评。

2. 用金句结尾，有力有情

在美剧《权力的游戏》中，有一场特别生动的戏，剧中一个名叫提利昂·兰尼斯特的侏儒，背负着谋杀国王的罪名被起诉到法院。在法庭上，他发表了一段自辩宣言，也是一段令人热血沸腾的表达。他说：

"是的，父亲，我有罪。你们不就是想听这句话吗？我有罪。我的罪就是生为侏儒，我的一生就是一场对侏儒的审判。我没有毒杀国王，但我希望是我干的。我真希望我就是你们想象中的那头怪兽。"

这段表达的结尾，最重要的一句就是"我的罪就是生为侏儒，我的一生就是一场对侏儒的审判"。由于先天的缺陷，他生来就遭到别人的歧视，这种歧视却成了他表达中最为耀眼的金句。虽然他是一名侏儒，但这句话却让他的气场瞬间强大起来，同时也让那些善良的人更加同情他的遭遇与不幸。

在主持人大赛比赛过程中，也诞生了许多金句，不少选手在自己表达的结尾都很好地运用了金句，不但对自己的整个表达起到了画龙点睛的作用，还突显出了强大的力度和强烈的情感。比如下面这几句，就很具有代表性：

"名字是我们最初的梦想，点亮你的名字，就是点亮你的梦想。如果每一个人的名字都被点亮，如果每一个人都活成一束光，中国就必将是一轮闪耀的太阳。"

"火灾、地震、泥石流，有了他们逆行的背影，我们才会感觉到踏实。他们也是父母的孩子，是妻子的丈夫，是像我们一样普通又平凡的小伙伴。可是，他们是和平年代的牺牲者，是岁月静好的守护人。"

"很多人的人生注定是一场孤旅，而寻人的工作，让我必须去面对这些孤独的心理。我的一言一行、态度表情，都会影响他们是否愿意去接受那个陌生或者曾经不愿面对的自己。而作为主持人，最初的梦想一定是更大的舞台。但是，还有什么舞台比天地心更大呢？"

"新中国70年的波澜壮阔,这一张张照片不就是其中奔涌的浪花?这一张张笑脸不正是我们前行路上最温暖的动力?时光不老,连接着充满信心的未来;收藏过去,是为了明天更好地出发。"

……

以上这些金句被用于表达的结尾,都会让听众产生深深的感动和震撼,甚至能起到帮助整个表达直抵听众心灵深处的作用。

3. 用排比句激起情感共鸣

在一些特定的表达形式中,如演讲,收尾处也可以使用一些排比句。排比句通常具有排山倒海的气势,用来结尾往往可以将整个表达的气氛推向高潮,给听众以震撼的力量。

比如,在一次"我的中国梦"的演讲活动中,一位选手的演讲就是这样结尾的:

我梦见了他胸有成竹一声令下的魁伟高大的身影,依旧巍然矗立在波涛汹涌的海面上;我梦见了气吞山河威猛如虎,以迅雷不及掩耳之势收复台湾的百万雄师;我梦见了华夏儿女万众一心众志成城,实现和平崛起完成千秋霸业的伟大梦想……

排比式的结尾虽然句式简单，但情绪高昂有力，再结合当时的场景，就能把整个表达氛围带动起来，像是一波又一波的浪潮，把听众推向情绪的最高处。

总结提炼要精准而有高度

在表达过程中,如果善于总结、提炼一些精彩的语句,往往会给听众留下深刻的印象。比如,在主持人大赛第一阶段第五场中,选手赵璐根据一段材料进行了一段表达,这段材料的内容是:70岁的马成年和张秀云夫妇,在退休后的十几年里,通过自助穷游的方式,几乎走遍整个中国。长白山、香格里拉、敦煌等地都留下了二老携手前行的足迹。他们完成了游记300余篇、总计40余万字,描绘了祖国的大好河山。而后,二老将游记整理成册,编成了"穷游宝典",为其他自助出游的老人支招,该宝典被称为现代版的"徐霞客游记"。

在表达中,有这样一段内容:

……

对于年轻人来说，爱情是什么呢？可能是电光石火，可能是卿卿我我。但对于他们来说，爱情其实就是我能想到最浪漫的事，就是陪你一起慢慢变老。两位老人做到了。

今天我们经常提"健康中国"，所以在很多场合，比如公园里、大街上都能看到老年人健身的身影。但是我想，二老的格局更大，因为他们把整个中国的大好河山都当成了他们的健身房。这个过程不仅愉悦精神，也锻炼了他们的身体。

……

这段表达结束后，评委指出，他们听到了"本场到目前为止最为精彩的一句话"，就是："他们把整个中国的大好河山都当成了他们的健身房"。这句总结不仅体现出两位老人对"穷游"生活的热爱，还体现出了他们精神世界的富足，的确非常精彩。

在表达的收尾部分，如果也能对前面所表达的内容进行总结提炼，往往可以起到强调主题、深化重点的作用。并且，收尾处提炼的内容越精准、越有高度，表达内容给听众留下的记忆就越深刻。

《今日说法》的主持人撒贝宁曾在一次节目中讲述了一起交通事故，他在主持时说道：

"有一名中年人,晚上骑摩托车去上夜班,半路上车速过快,撞到了一辆拖拉机上。拖拉机车主因为担心麻烦,就逃逸了。按照国家法律,在这起事故中,拖拉机车主原本担负的是次要责任。但是由于拖拉机车主的不作为,中年人在车祸之后,因抢救无效身亡。拖拉机车主因为逃逸由次要责任变为了主要责任。警方通过侦查,剥茧抽丝,将逃逸的拖拉机车主抓获,并将其判刑。"

在这段表达中,撒贝宁把事件的前因后果都交代得很清楚。到了节目的结尾处,他是这样说的:

"每一天我们都有可能成为交通的参与者,成为交通环境的一分子,一旦发生了交通意外,我们都希望有人能够伸出援助之手。但是,这起案件发生的时候,车主没有想到要伸出援助之手,而是乘着夜色逃跑。他没有想到他的车后有一个人正躺在地上流血,一个人的生命正在流逝。当然事后他也后悔了,但是,他后悔的原因是他这样做让他付出的代价太大了。他仍然没有想到因为他的行为,一个鲜活的生命消失了。我想这已经不单单关系到交通法规的问题,这已经涉及一个人的道德与良知。"

这个结尾干脆利落地对整个案件进行了总结,并从人性角度对逃逸车主的行为做了评判。这样的收尾方式,使得大家在感叹逃逸车主的不作为所造成的严重后果的同时,还促使大家对人性进行思考,以及在道德上进行反思,既准确地传达了节目的观点,又将观点上升到了引人思考的高度。

可见,表达要想完美收尾,在结尾处对内容进行总结提炼是很重要的。如果你的总结提炼精准而有高度,就能激发听众的情感和共鸣,令听众久久不能忘怀,产生更加深刻的思考。

那么,我们怎样才能在表达的收尾部分总结提炼出精准而有高度的内容呢?

你不妨试一试以下三种方法。

1. 一句话完美压轴

优秀的表达者会像一位歌剧明星一样,善于用一句话结束自己的表达,但是这句话可不能太普通,而是要短小精悍、新颖别致,既能总结全篇,又能提升主题的高度。这样不但能让健忘的听众回忆起前面你所表达的内容,还能画龙点睛,给听众留下深刻的印象。

在主持人大赛第二阶段第三场,选手冯硕要根据评委敬一丹老师现场出的一道题目,即兴主持一段《感动中国》栏目。敬一丹老师给出的题目中有两个信息:一是屠呦呦发现青蒿素,成为第一位获得诺贝尔生理学或医学奖的中国科学家;二是王珏是一名乡村医生,他曾化名"兰小草",连续15年雷打不动地把钱送到慈善机构,救助困境中的人。王珏离世以后,"兰小草"爱心宣传日、"兰小草"爱心驿站、"兰小草"志愿者服务队先后成立,他的精神依然影响着人们。

根据这两个信息,冯硕进行了这样一段表达:

现场和电视机前的观众朋友们大家好,欢迎您走进中央广播电视总台2019《感动中国》的特别致敬。

《感动中国》走过了17年,即将走入自己的成年礼。当一个人走到18岁的时候,我们会思考什么?未来我的模样会是怎样的?但其实更应该去回望,回望脚下的路和目标与远方。而今天,我们去回望,回望在《感动中国》这个舞台上,曾经感动过你我的他们。

如果把回望作为一个总结的话,你会发现,《感动中国》的舞台上出现最多的职业和身份可能就是科学家和医生了,我们今天也会关注他们。他们相同,也不同。相同的是执着的追求,坚定的信念,帮助更多的人。不同的是,其中一人如雷贯耳,但是她淡泊名利,依然刻苦钻研;另外一个人,我们不知道他是谁,但所有人都在寻找,也都想成为他。

屠呦呦这个名字如雷贯耳,尤其在2019年9月30日被授予了"共和国勋章",这是国家的脊梁。因为在2015年的时候,屠呦呦是第一位获得诺贝尔生理学或医学奖的中国科学家,她发现了青蒿素。您可能会认为青蒿素的发现很容易,但是要经历多次的失败,尤其是以身试药,但是屠呦呦面对荣誉却说:"这是我给人类的一个礼物。"

说到礼物,另外一个人,他是一个乡村医生,每年都在给大家礼物,但是大家只知道他叫"兰小草",却不知道他是谁。十几年帮助很多的人,却不留姓名,直到有一天,大家发现"兰小草"不在了,才知道他叫王珏。但是后来,发现有更多的"兰小草"出现了。

正是有屠呦呦和"兰小草",我们才能够有更多的暖意,有更多的心安。

接下来是《感动中国》特别致敬,对屠呦呦和"兰小草"的致敬词:呦呦鹿鸣,食野之蒿,今有嘉宾,德音孔昭。你以身试药,你是共和国的骄傲。小草虽小,没有树高,爱心满满,我们在寻找,你虽然不在了,但你的名字,依然听得到。希望大家不一定成为屠呦呦,但我们可以成为"兰小草",让我们用掌声向他们致敬!

这段表达的收尾处非常精彩,选手从两个人的名字切入,概括了两个人的不同事迹,不仅选点巧妙,读起来还朗朗上口。更重要的是,最后一句话"希望大家不一定成为屠呦呦,但我们可以成为'兰小草'",就是一个完美压轴,既是对两个人事迹的赞赏,也是对自己和广大观众提出的一个号召和期望,所以也赢得了评委和观众的肯定。

2. 升华主题，提升表达价值

中央广播电视总台著名主持人康辉老师曾经在全国普通高校巡回演讲节目《对白》中，进行了一次非常精彩的演讲。在结尾处，他是这样说的：

"我们的人生当中永远要保有一点诗意。前段时间，我在读叶嘉莹先生的一本书《爱上古诗词的九堂课》，其中谈到诗意的时候，她说：'人之所以异于禽兽者几希？'就是人和禽兽的区别到底有多大呢？'就在于人常常会有一种反省，一种思考，一种向上向善、超越凡俗的追求'。她是在讲诗的时候说到这句话，其实诗意也就代表着，在你平凡的人生当中，你总会有那么一点点追求，不仅仅止于衣食住行、饮食男女，而是有那么一点点追求。人被称为万物之灵，人在所有的生命当中都会觉得自己是最高贵的，但人的高贵到底在哪里？我想这个高贵也就在于你会有一点点超越凡俗的追求。而正是这一点追求，成为我们人生当中的那一点诗意；而那点诗意，也就是点亮我们平凡生活的火种。"

这段收尾表达就给人一种很强的内心震撼，既总结提炼出人生的本质，在于"人常常会有一种反省，一种思考，一种向上向善、超越凡俗的追求"，同时又抒发了人类作为万物之灵，其高贵的本质就在于"要保有一点超凡脱俗的追求",从而提升表达的高度,对主题进行了一次升华。这样的收尾不但让听众感受到了一次精神的启迪,还为听众提供了有益的观点和营养。

3. 归纳内容,首尾呼应

在收尾处归纳之前所表达的内容和所提炼的观点,同时呼应开头,可以给人一种表达首尾呼应、浑然一体的感觉。这种收尾方式虽然很普通,但却最为合情合理。如果你能在表达的最后适当提升一下主题高度,那就更完美了,这样不仅能重新唤起听众对你整场表达的感觉,还能带给听众力量,再一次引起听众的共鸣,让听众感觉言止意长,回味无穷。

总之,就像拿破仑说的那样:"兵家成败决定最后5分钟。"我们同样可以说,表达的成败在相当程度上取决于表达的收尾是否完美。一个出人意料、耐人寻味的收尾,就如同为内容锦上添花,会给听众带来一种精神上的愉悦和享受。因此,表达的收尾往往也比开篇和主体部分要求更高,内容更要有深度,语言更要有力度,情感更要有真实性,方法更要有技巧,这样,你的表达才会更加完整,也会更加完美。

成为鼓舞人心的高手

心理学上有一个定律,叫作"峰终定律"。它的意思是说,一个人对一次体验的印象由两个时段决定,一个是体验中的高潮时刻,另一个就是体验的结尾部分。很多表达者在表达时,明明主题内容说得很一般,但因为设计了一个漂亮的结尾,听众依然觉得他说得很好。这就是很好地把握了"峰终定律",做到了完美的结尾收官,所以也让自己的话产生了更大的影响力。

如果说好的表达开头犹如"凤头",那么好的表达结尾就像"豹尾"。一个好的收尾不仅要有文采,还要坚定有力,在一些特殊的表达环境中,结尾还要起到鼓舞人心、激发行动的作用。

中央广播电视总台主持人朱迅在一所大学进行演讲

时，曾经以"致我们一起拼过的青春"为题，跟大学生们分享了自己的青春故事，包括她在日本留学期间的经历和感受，在工作中遭遇的困难，以及自己跌倒后东山再起，从幕后重回前台的过程，等等。在表达的结尾部分，朱迅是这样讲的：

"把别人眼中不是机会的机会做成机会，你就会得到下一个机会；下一个机会你再拼命去做，你就会得到更大的机会。这样积少成多，一步步你就可以登上属于你的梦想之巅。"

朱迅老师的这段演讲结尾部分虽然简单，但却能启人心扉，励人心智，对台下的大学生产生了很大的鼓舞，同时也激励他们珍惜青春，坚定地走出自己独特的人生之路。这就是一个能够鼓舞人心的表达结尾。

一般来说，在表达的结尾处善于鼓舞人心，往往可以让结尾显得特别有气势，甚至能让整个表达的气势都体现出来，点燃听众的激情。所以，想要成为一个鼓舞人心的高手，就要善于在表达的结尾处运用以情动人、催人奋进的语言。下面几种结尾方式，就能起到这样的作用。

1. 发出号召，鼓舞行动

在表达即将接近尾声时，我们可以在激发听众情绪的基础上，运用一些具有感召力的语言来向听众发出号召和呼吁，目的是让听众相信和接纳我们表达中的内容，同时还要为此做出行动。

一般来说，运用这种结尾形式时，常用的语句格式包括"请……吧！""让……吧！""一起……""我们要……"等。

在主持人大赛第二阶段第二场，选手田靖华以评委王宁老师现场给出的题目资料，即兴主持3分钟的《东方时空》节目。题目中有两条信息：第一条信息是在女排世界杯上，记者问郎平此行的目标，郎平回答说："升国旗，奏国歌。"2019年10月1日，庆祝中华人民共和国成立70周年大会在北京天安门广场隆重举行，郎平带领中国女排乘坐花车游行结束时，参与阅兵的军人对她们喊"中国女排，世界第一"，而女排的答复是："你们最帅。"第二条信息是，曾璐锋，1997年出生于江西的一个小山村，后来成了江西环境工程职业学院的一名学生，他专门研究水处理技术项目。2019年8月，他在第45届世界技能大赛上首次代表中国出战，就获得了水处理技术项目的金牌。

根据这两条信息，田靖华进行了一段即兴主持，在表达的结尾处，他是这样说的：

> 当C919在天宇翱翔，我们圆了100多年的大飞机梦；当"蛟龙"在深海下潜，我们打开了深海世界的大门；当"天宫二号"实现在轨对接，当"嫦娥四号"在月球背面着陆，中国的航天大国梦正在一步步走向现实。没有比脚

更长的路，没有比人更高的山，正是有了我们这些不断拼搏、不断奋斗的个体，才成就了我们中华民族的今天。所以，让我们努力奋斗，为我们的五星红旗增光添彩！

这就是一个典型的号召式结尾，号召和鼓励大家一起奋斗，为自己国家的兴旺繁盛而拼搏。

从中我们也能看出，在结尾发出号召，其实就是向听众提出希望或要求，希望听众能够听到号召后共同行动。

需要注意的是，在一般的表达中，你在结尾处所发出的号召最好是能让听众快速且易于实施的，比如，你表达的内容是关于亲情的，那么表达结束时就可以号召大家马上给父母打一个关心的电话，号召大家不要对自己最亲的人口不择言，号召大家多陪陪家人、孩子等。这些往往都可以打动听众，并且能够促使听众积极地去实施。

2. 给出祝愿，催人奋进

在结尾给出祝愿，也是一种比较常见的结尾方式。比如，在主持人大赛文艺类总决赛阶段，主持人撒贝宁老师在主持开场时进行了一段表达，而在表达的最后，他是这样说的：

在我们这个比赛当中，我们看到了选手们努力地拼搏，为了梦想不断地发声。但是，在比赛当中，既有晋级的欣喜，也有遗憾的泪水。但不管怎么说，如果追逐梦想这样一个征途是星辰大海的话，此刻就让我们祝愿今天所有的选手都能够"长风破浪会有时，直挂云帆济沧海"。

这样的结尾既让人感到亲切，又可以起到鼓舞和勉励的作用，选手听完后立刻感觉信心满满。

在一些特定的场合，如果能在美好祝愿的基础上加上一点含蓄、幽默的语言作为收尾，不仅可以让结尾更具艺术感，甚至还可以发人深省，让听众在欢声笑语中思考与领会表达者含而不露的深刻用意。

著名生物学家饶毅教授曾经在北京大学本科生毕业典礼上，作为教师代表，做了一次堪称中国最高学府最短毕业典礼的致辞。在结尾部分，他是这样说的：

"我祝愿：退休之日，你觉得职业中的自己值得尊重；迟暮之年，你感到生活中的自己值得尊重。不要问我如何做到，50年后返校时，告诉母校你如何做到；你所含的全部原子再度按热力学第二定律回归自然之前，它们既经历过物性的神奇，也产生过人性的可爱。"

在这个结尾中，表达者就是用一种祝愿的方式，对莘莘学子提出了期待，但同时又用幽默风趣的语言，代替了常用的激情澎湃的祝愿语言，引发了听众深深的思索。而当听众理解了他的祝愿语后，发现他是在祝愿同学们退休后、暮年中、50年后返回北大，这不就是在祝愿同学们健康、长寿、事业有成吗？

所以，当听众理解了他的祝愿语后，都禁不住为他精妙的结尾大声喝彩，全场掌声雷动。

3. 引经据典，发人深省

在表达的结尾，如果能运用合适的名言、诗句等作为收尾，也是一种不错的结尾方式。尤其是用一些内涵丰富、发人深省的名言、格言、诗句等结尾，不仅能让你的表达语言显得更加精练、生动、富有节奏和韵律，还可以让表达的内容更加充实丰富，带给听众一定的启发性和感染力。

在主持人大赛第一阶段第三场，选手王帆在3分钟自我展示环节，以"婚礼的演变"为主题进行了一段即兴主持。在表达的结尾部分，她是这样表达的：

> 通过婚礼的演变，我们就不难看出，文化在历史的纵向维度和地理的横向维度上，不断地流变、融合、发展、共通，这也是华夏文明五千年璀璨繁华的原因，兼收并蓄，博采众长。没有一个国家、一个民族、一种文化能够孤立地发展，正所谓"一花独放不是春，百花齐放春满园"。

以名言、诗句等结尾，不但能为表达中的主题提供有力的证明，以增加表达的可信度，同时还能让语言更加优美、含蓄、睿智、大气，具有很强的说服力和鼓舞作用。

当然，要想让自己在表达中成为鼓舞人心的高手，也可以根据自己的实际表达内容，在表达结尾处选择一些具有鼓舞、警醒作用的名言诗句等，以增加表达的气势和力度，带给听众更深刻的感触。

巧用肢体语言，
让结论深入人心

一位杰出的社会心理学家说过："很多交流沟通，在相当程度上都是通过肢体语言实现的。虽然我们不注意，但是别人看得很清楚。如果在说一件事的时候同时想着另外一件事，那么你的肢体语言就很有可能泄露你真正的想法。"

主持人在主持节目过程中，肢体语言运用得好，可以帮助观众更好地理解节目所要传达的内容和观点，并对主持人产生信任感；相反，如果运用不好，就可能引起歧义，进而影响主持人在观众心目中的形象，并令观众对主持人所传达的信息产生怀疑。所以，对于优秀的主持人来说，往往都会根据现场观众的反应，随时调整自己的体态和语言，使自己的肢体语言与有声语言相互配合，共同实现传情达意的目的。而在一些主持节目的收尾部分，如果主持人的肢体语言运用得当，还会让节目的观点或结论更加深入人心，使观众更加能够感同身受，对节目产生信服感。

> 中央广播电视总台《艺术人生》节目曾经有一期邀请过著名艺术家秦怡做访谈，在节目的最后，按照策划方案，节目组会给秦怡过生日，先点起蜡烛，再把蛋糕分给大家，吃完节目就结束了。但是当节目进行到这个环节时，主持人感觉自己心中有一种情感没有表达出来，于是就没有按照预定方案进行，而是根据现场气氛，非常真诚地对秦怡说："秦妈妈，我能代表所有爱您的观众，拥抱您一下吗？"
>
> 在得到秦怡的同意后，主持人和秦怡有了长达半分钟的拥抱。这个拥抱既表达了晚辈对长辈的敬爱之情，也在节目即将结束时，将节目的气氛推向了高潮，带给观众深深的心灵回响。

主持人在节目即将结束时，运用恰当的肢体语言既可以让节目内容更加深入人心，也能为观众创造出更加丰富的情感体验。我们在日常表达时，如果也能在收尾阶段巧妙地借助一些肢体语言来结束自己的表达，同样可以起到很好的效果。

表达中的肢体语言通常包括面部表情语言、体态语言和手势语言，恰当地运用这几种肢体语言，不仅可以帮助听众更好地理解表达内容，还能给听众留下深刻的个人印象。

1. 巧用面部表情，让情感表达更到位

面部表情是用来交流情感、传递信息的一种重要的体态语，它不仅能更准确、恰当地传递信息，还能反映出表达者的情绪变化。所以，在表达的收尾部分，如果我们也能根据所表达的内容适当运用面部表情，就能更好地烘托情感，增强表达的感染力，加深听众对我们表达内容的印象，从而更好地传递出表达的意境和观点态度。

一般来说，当表达结束时，要微笑而不失礼貌地面对听众，让自己完全融入你所设定的表达场景之中，去体会那种情感之下一个人的真实反映。

当然，也不是所有表达结束时都要面带笑容，一些特殊的场合，如召开重要会议、处理突发事件、参加追悼大会等，就不能面带微笑，而要根据当时的场景、情境等调整面部表情，如严肃、凝重、悲伤等，总之要与表达中的内容与情感相契合。

总之，面部表情运用要适时、适事、适情、适度，切忌情不由衷、矫揉造作，影响听众对你的印象，继而影响你的表达效果。

2. 体态语言恰当，表达才能深入人心

主持人在主持节目时，既有站姿，也有坐姿，但不论哪种身体姿态，恰当的体态都能帮他们恰当地传递表达信息，打造个人风格和魅力，同时还能给观众留下深刻的印象。

比如，中央广播电视总台主持人尼格买提主持的一档综艺节目叫《开门大吉》。在节目中，尼格买提不仅擅长使用诙谐幽默的语言和丰富细腻的情感来增强综艺效果，还会用一些诸如摊手、耸肩、"比枪"等亲切生动的体态语言来展现节目的独特魅力。这些体态都是根据节目的内容进行调整的，也都给人留下了深刻的印象。

这就提醒我们，在表达过程中也要注意自己的体态身姿，好的体态不但能影响听众的情绪，给听众留下深刻的印象，还能增强表达效果。否则，再精彩的有声语言也会被不恰当的体态语言毁于一旦。

有些人觉得，体态语言只需要在表达的开始和中间部分体现即可，表达快要结束时，就没必要再注意了，这种观点是错误的。体态语言需要贯穿于表达的整个过程中，在表达的结尾部分也非常重要。当然，每个人都有自己不同的习惯，但从整体上来说，如果是采取站姿表达，则要抬头挺胸，不能弯腰驼背，也不能因为表达快要结束了，就让自己单脚重心站立，给人一种松松垮垮的感觉。如果是采用坐姿，最好坐在椅子的三分之一处，身体保持直立、挺拔，也可稍稍前倾，既显得自然、不做作，又不失正式。

当然，每个人都有自己独特的美，不管是站着表达还是坐着说话，都要在沟通表达中体现出个人的修养和气质。

3. 用好手势语言，让表达更真实有力

手势语言的产生源于人的情绪变化。比如，我们在说话说到激

动处时，为了强调自己的观点，或是表达自己的情感，就会用手势动作来弥补语言表达的不足。所以，手势语言从根本上来说是人的一种本能，而不是刻意编排出来的。当你的情绪到那里时，你的手势自然就会出来，不需要刻意去设计。

很多主持人在主持节目时，都有自己特定的手势语言，比如《开心辞典》主持人王小丫老师在主持时，也有很多经典手势，如在介绍完答题规则，说到"请听题"时，她就会握住右手，继而再打开手伸向前方，这个手势不但让选手更容易理解，也彰显了她的主持风格。

在表达过程中，也可以根据表达内容设计一些带有个人风格的手势。如果手势运用得当，不但能与听众形成很好的互动，还能激发听众的情绪，引导听众随着你的手势动作而产生共鸣。尤其在表达即将结束时，恰当的手势更可以起到"无声胜有声"的效果。

需要注意的是，使用手势语言时要尽量做到"心手合一"，最好可以一气呵成，干净利落，不要拖泥带水，犹犹豫豫，否则不但影响你表达收尾时的效果，还会流露出你的心态和情绪，让听众觉得你对自己表达内容的不自信。

所以，不论运用何种肢体语言，最重要的是我们要时刻调节好自身的情绪状态。只要拥有稳定从容的心态，哪怕是自然随意地做出的姿态或手势，也一样可以很好地传递出你想要表达的信息和情绪。